投資の神様

バフェット流投資で、勝ち組投資家になる

大原 浩
Ohara Hiroshi

SOGO HOREI PUBLISHING CO., LTD

カバーイラスト／上田バロン
装丁／土屋和泉
本文デザイン／飯富杏奈（Dogs Inc.）
本文ＤＴＰ・図表作成／横内俊彦

はじめに

「大原さん、〝投資の神様〟と呼ばれるウォーレン・バフェットって、日本でもかなり有名ですが、彼が『何をどんなふうにやっている人か？』ということを正確に理解している人は少ない気がします。どうですか？」

昨年12月、年の瀬も押し詰まったころに、編集部の田所氏から投げかけられたこの一言が、すべての始まりだった。

「確かに、『ビル・ゲイツと世界一の大富豪の座を長年争ってきた』というのはよく知られた話だし、『バフェットとランチを食べる権利が、チャリーティー・オークションで数億円まで跳ね上がった』というニュースは、朝のワイドショーなんかでも取り上げられていましたね」

「そう、そうなんです。すごい〝投資の神様〟だということは、なんとなくわかるんだけれども、具体的に何をどうして〝投資の神様〟になったのかは何もわからない。そんな感じですね」

と田所氏が訴えかけるように私を見つめる。

「やはりそうですか。世間で〝バフェット〟というと、『株を買ったら長期保有してなかなか売らない』とか、『ＰＥＲやＲＯＥがいくらで買う』とかいう話ばかりが伝わっていますからね。もちろん、これらの話が間違いとは言えないですけれども、あくまでバフェット全体から見ればほんの枝葉の部分にすぎません。実際、〝投資の神様〟たるバフェットの『真髄』というべきものは、世の中にほとんど伝わっていないのが現状ですね」

　それを聞いた田所氏は、

「えっ、でも、書店に行けば、あんなにたくさんバフェット本が出ていますよね？」

　と少し驚いた。

「ええ。米国はもちろんのこと、日本でもバフェットに関する本がたくさん出ていますが、その大部分はバフェットの伝記的な内容か、投資や経営の技術的側面にスポットを当てた内容なんです。ですから、〝投資の神様〟たるバフェットの『真髄』について語った本は、私も見かけたことがないですね」

　それを聞いた田所氏の眼がきらりと光った！

「それじゃあ、〝投資の神様〟たるバフェットの『真髄』をわかりやすく解説した本を我々で出版しましょうよ！」

「それはいい考えですね！」

　と私もすぐに賛成した。しかし、問題があった。

「ただ、バフェットの『真髄』は、１＋１＝２というような単純な理屈で表現しにくいものなんです。このことをバフェットは、『**投資とは安く買って高く売ればよいだけのことだ。ただ、このことをわかる人はすぐわかるし、そうでない人は永遠にわからない**』と表現しているんです」

それを聞いた田所氏は、腕組みをしながらしばらく考えていたが、何かひらめいたようだ。

「物語はどうですか？　物語の中でバフェット流の真髄を理解できるようなスタイルですよ。まだ株式投資を始めていない人や、投資の入口で踏みとどまっている読者にはそのほうがわかりやすいと思います」

「それはよい提案ですね！　主人公はどうしましょう？」

と私も即座に賛成した。

「もちろん35歳の独身ＯＬ！　そろそろ老後の生活が心配になってきた彼女の目を通して、『投資全般の基本とバフェット流の真髄』を色々な立場の読者が学べるようにしたいですね」

「了解しました。私の身の周りにぴったりのモデルがいます。彼女と女優の○○さんを足して２で割ったキャラクターにしましょう。それから、先生役となるのは、イギリス人の謎の投資家。これもモデルに心当たりがあります。そして、主人公の相棒は知り合いの女性弁護士と女優の△△さんを合体させた人物。それから、恋愛や結婚の話もふんだんに盛り込みたいですね」

と私が言うと、田所氏は飛び上がらんばかりに驚いた。

「投資やバフェットと結婚や恋愛って、何か関係があるんですか？」

「大ありですよ！　投資の心理、すなわちお金に対する人間の考えや行動って、恋愛や結婚の心理ととても似ているんです。たとえばバフェットは、『**投資（結婚）を始める前は、両目を見開いて相手の品定めをし、投資（結婚）をしてしまったら片目をつぶって相手の欠点を見ないようにする**』『**10人の女性を一度に妊娠させても、1カ月で子供は生まれてこない**』『**あなたなら、A君（短期）、B君（長期）のどちらと結婚する**』など、恋愛・結婚にまつわるたとえ話をたくさんしているんです」

私が語るバフェットの話に興味津々の田所氏は、

「詳しくお聞きすると、どういうことですか？」

と問いかける。

そこで私はにっこり笑う。

「ぜひ、これから書く原稿をゆっくり読んでみてください」

「これは、面白くてためになる本ができそうですね！」

その後、およそ半年の間、田所氏と打ち合わせや議論を重ねながらようやく完成したのが本書である。

冒頭でも述べたように、バフェットの投資手法の枝葉の細かな内容や数字には触れずに、『バフェット流の真髄』に集中した内容となっている。そして、ストーリー展開にも気を配ったので、「物語を楽しく読んでいくうちに、自然と直感的に『バフェット流の真髄』が身につく」という当初の目的は十分果たしたと自負している。

本書が読者のみなさまの『バフェット流の真髄』の理解に大いに役立つことを切に願う。

なお、本書は完全なるフィクションであり、文中に現実に存在する固有名詞が登場しても、あくまでその内容は筆者の創作であり、実際の人物、企業、団体などとは一切かかわりがないことをお断りしておく。

２０１５年５月吉日

大原　浩

主な登場人物の紹介

瀧本美紀（35歳）

大手銀行グループ・五菱フィナンシャルホールディングスに一般事務職として勤務する丸の内OL。20歳で東京・四谷にある名門・若葉聖心短期大学を卒業した後、現在の会社に入社。銀行の給料は結構いいが、世田谷区三軒茶屋のこじゃれたマンションの家賃や長期休暇の度に出かける海外旅行など出費も多い。1年ほど前に恋人と別れてからは「このまま独身で生涯を終えるかもしれない」と感じており、年金代わりの資産形成のために投資入門書を何冊か読んでみたが今一つピンと来ない。手元の現金資産は、いくつかの口座に分けて置いてある普通預金200万円と、自分の銀行で販売している投資信託、海外の債券などを合わせて300万円ほど。短大時代の親友、田中みよとは今でも会って投資の話をする関係。

マーク・ハサウェイ（60歳）

イギリス・オックスフォード大学を卒業後、投資銀行HSBTでディーラーとして活躍。

既存の投資理論に飽き足らず、ウォーレン・バフェットの投資理論の研究を開始する。バフェット理論をマスターすることで大成功したため、HSBTを退社して「投資家」として独立。自身の運用会社「マーク・ハサウェイ・コーポレーション」での運用によって、30年間で約2500億円の資産を築く。25歳のとき、日本人女性と結婚して女の子を授かり、バブル崩壊直後の1990年に日本に移住。妻は5年前に他界。一人娘は18歳のときに自動車事故で亡くなるが、生きていれば美紀と同じ年頃。現在は、世界中を旅しながら、毎年25％ずつ資産を増やしている。

田中みよ（35歳）

瀧本美紀の短大時代からの親友。短大卒業後、大手化粧品メーカー至誠堂に就職。29歳のとき、短大時代からつき合っていた同い年の田中岳史とゴールイン。5年前に男の子（玲雄）が生まれ、現在は幼稚園に通っている。子供を幼稚園に送り出した後は、時々銀座・丸の内界隈まで出かけて美紀と一緒にランチを楽しむ。夫の岳史は、ゲームソフトメーカー・パプコンに勤務しており、そこそこの収入があるものの、連日の残業で帰宅が遅い。持て余した時間でFXなどをやっているが、トータルの収支は赤字である。

目次

第1章　スーパーの買い物と同じように投資する

どん詰まりの銀行・OL生活

12階建ての新丸の内トラストタワーの9階。このあたりは皇居の近くということもあり、新宿や六本木にあるような超高層建築群はない。

だから9階といっても、美紀の座るデスクからは皇居のお堀の向こうの美しい緑地帯を一望にすることができる。今日は寒さが少々厳しいが、雲一つない快晴で、毎日見慣れている景色にも関わらず、一瞥《いちべつ》した窓の外からなかなか目を離せない美紀である。

彼女は、今年の1月12日で35歳になったばかり。小林一茶の有名な句に「めでたさも中くらいなりおらが春」というものがあるが、美紀も30歳を超えてからは、正月が来るたびに、自分の誕生日が近いことを思い出し、めでたさも毎年「中くらい」にとどまっている。

日本を代表する金融コングロマリット・五菱フィナンシャルグループの中心、五菱銀行に美紀が入行したのは、20歳で東京・四谷にある名門・若葉聖心短期大学を優秀な成績で卒業した直後だ。

若葉聖心はお嬢様学校として有名で、卒業生の就職先も絢爛豪華《けんらんごうか》であるが、五菱銀行はその中でも最も輝く星のひとつであった。「あわよくば、出世のトップ街道を走る若手の二枚目と社内恋愛で寿《ことぶき》退社！」などという野望を抱いていたのもつかの間、１９９０年のバブル崩壊の影響は金融業界に恐ろしいほどの打撃を与え、美紀が入行してから3年目の2003年に起こった「りそなショック」のときには、名門五菱銀行にも破綻のうわさが流れた。それ以来、ある一定以上の年齢層の行員は「いつ自分の肩が叩かれるか」と戦々恐々としている。一部の役員候補を除いて、行員のほぼ全員が50歳を超えるまでに「出向」などの形で追い出されるからだ。

出向先は、どんなに小さな会社でも、銀行のグループ会社であれば「大当たり」だ。幾分給与が下がるとはいえ、大手銀行グループの特権の大半と、「大手銀行グループの一員だ！」という、他人から見たらどうでもよいプライドを捨てずにすむからだ。それに対して、銀行の取引先への出向や転出はかなり厳しい。運よく大手名門企業に出向できても、最近の大手優良企業は銀行融資をほとんど必要としないから、昔のように銀行がバックにいるからといって威張ることはできない。むしろ社外からやってきた「外様大名」として、常に行内生え抜きの「譜代大名」に気を遣わなければならない。

昔から「寿司屋の経理」と陰口を叩かれる個人事業に毛の生えたような中小企業への出向は、名門五菱銀行では今のところない。しかし、規模の大きい企業でも創業オーナーがワンマン経営している場合、「元銀行員ならではの余計な一言がオーナーの怒りを買ったため、入社3日で首になった」などという話が絶えない。

短大を卒業したときには世間知らずだった美紀も、15年間ＯＬを続けたおかげで、銀行をはじめとする金融業界の表も裏もそれなりに理解できるようになった。今では「寿退社」などという「ディズニー・ファンタジー」を夢見ることはない。実際、生活はいつの間にか銀行中心になってしまい、銀行以外の男性の知り合いも片手で数えることができるほどである。

しかも、一般職として採用された美紀は、五菱銀行新丸の内トラストタワー支店所属である。新丸の内トラストタワービルには、五菱銀行の本店機能もあるのだが、そこの仕事は美紀とは関係ないし、いわゆるキャリアウーマンとしての出世の道も閉ざされている。

支店所属である美紀は、年末や3月末などの繁忙期には、一階の店舗窓口の応援に行く。20代の頃は、窓口が混んで苛立っている顧客も美紀がにっこりと笑うと少しは機嫌を直してくれたものだが、最近はどうもこの「魔法」の力が弱まっていることも気になる。

そんなことを考え始めると、快晴の太陽の輝きを映す緑を眺めて爽快になった気分が萎えていく。

「そういえば今日は早帰り日だったわ……」

と彼女はつぶやいた。

今日は銀行が決めた週1回の早帰り日なので、周りの目を気にせず定時に帰れる。本当は久しぶりに銀座でショッピングをしようなどと考えていたのだが、さっきぼんやり考えていた自分の将来が不安になってきたので、「お金を使うよりも、お金を増やす投資の勉強をしよう」と考え直し、近くの丸の内オアゾにある大型書店・丸善に出かけることにした。

オアゾの丸善で何が？

新丸の内トラストタワーの大理石でできた少し威圧感のあるエントランスから出て、右手に進む。丸の内仲通りを進んで丸ビルの手前で右折すると、ＪＰタワーが見える。その前を通りすぎ、東京駅を右手に見ながら歩くと丸の内オアゾに到着する。このビルは、箱根にある彫刻の森美術館から借り受けた、ピカソの「ゲルニカ」の精巧な陶器製の実物大複製が展示されていることで有名だ。

「オアゾ」とは、丸の内地区と大手町を包括的に結ぶ「Office & Amenity Zone」の略であるという月並みな理由の他に、エスペラント語で「オアシス、憩いの地」を意味する「オアーゾ（oazo）」の意味も含んでいるらしい。

美紀はモダンなデザインのオアゾのファサードから入り、吹き抜け天井で広々とした通路まで来ると立ち止まった。美紀にとって、ＪＰビルディングから東京駅までは「仕事場の延長」だが、このオアゾに入った瞬間からプライベート空間に変身する。まさに美紀にとってのオアシスだが、通路で「自由」の空気を胸いっぱい吸うと、通路の右手に位置する丸善丸の内本店にゆっくりと足を踏み入れる。その瞬間、それまで寒さと仕事の緊張でこわばっていた体の筋肉がほぐれ始めた。

中年の男性サラリーマンは、新橋などの赤ちょうちんで一杯やって仕事の緊張をほぐしてから家路につく。しかし、酒があまり強くない美紀は、丸善に並べられた本をパラパラとめくりながら、空想の世界に浸りストレスを発散させることが多い。

美紀がふだん足を運ぶのは、2階にある女性誌・ファッション・料理・小説などのコーナーで、1階の投資・経済・金融コーナーに足を踏み入れることは滅多にない。しかし、今日は「お金を使うよりも、お金を増やす投資の勉強をしよう」と思い立って来たのだから、わき目も振らずに投資コーナーへ向かった。

投資コーナーにはスーツ姿の男性が目立つが、自分と同じようなＯＬ風の女性も何人か見かけた。彼女たちは、初心者向けの入門書よりも、何か難しそうな数字がたくさん書いてある本をパラパラめくっているが、結局手に取ってレジに持っていくのは「ナントカ入門」というような薄っぺらい本である。

美紀も並べられている本を棚から取り出してページをめくってみるが、本に書かれている言葉が頭の中に入ってこない。要するに「読んでも意味がわからない」ということである。

店内の暖房と仕事の疲れ、そして意味がわからない言葉の羅列を読んだせいで、立ったままうとうとしそうになったとき、隣に初老の紳士が立っているのに気がついた。身長は１９０センチ近くあるだろうか？　やせ形で、よく言えばパリコレモデル並み、要するにガリガリの大男である。シルバーグレーの品の良さそうな頭髪で眼鏡はしていない。上着は少し厚手の銀ボタンのついたダブルの紺色のブレザー、スラックスは渋みのあるベージュ色。足元はローファー。顔立ちは、西洋人らしく目鼻立ちが整っており、ジョージ・クルーニーをハンマーで少し叩いて細長く変形させた感じである。

「いい男だけど、彼氏というよりはお父さん向きね……」と心の中で妄想を膨らませる美紀の身長は１５８センチ、体重はヒミツ……。

「あっ、いけない！　今日は私、投資の本を買いに来たんだわ……」

我に返った美紀は、改めて書棚に並んだ投資関係の本を見渡した。ＦＸ、チャート、株式、債券、デリバティブなどの名前が入ったちょっと難しげな本。それに「３日で億万長者になれる方法」「カリスマ主婦が毎月３００万円稼ぐ方法」など、ちょっと気になるけれどもにわかには信じがたいタイトルのついた本。それに「老後の年金を今からしっかりと金融商品で稼ぐ」という、美紀の今の気持ちにピッタリなタイトルの本もあった。

「そうだわ！　もう男に頼る人生なんか望めないんだから、しっかりと老後の年金を稼がなきゃ」

とつぶやきながら、その本を手に取ろうとしたとき、隣の棚に「バフェット」という名前が入った本がたくさん並んでいるのに気がついた。

「バフェット？　そうそう、そういえば朝のワイドショーで〝投資の神様〟だって紹介していたわ。それに、同僚の男子行員が自慢げに投資の成功話をするときにも『バフェットがどうのこうの』と言っていたような気がする。ワイドショーによると、彼とランチを食べるためだけに数億円も払う人がいるらしいから、とにかくすごい人に違いないわ！」

一度手に取った「老後の年金を今からしっかりと金融商品で稼ぐ」というタイトルの本を棚に戻すと、「バフェット」という名前が入った本を順番に手にとる。翻訳物のかなり難しい本の他に、入門書のような本もあった。ただ、どの本がいいのかは、知識に乏しい美紀には判断がつかなかった。

「わからないことを勉強するために本を買うんだから、私にどの本がいいのかわかるわけがないわ……」

ちょっとブルーな気分になってあたりを見ると、先ほどの大男の外国人は、難しそうな日本語の本を丁寧に読んでいる。

「この外国人って、もしかして日本生まれの日本育ちで日本語ペラペラとか？」

などと雑念だらけの頭の中をもう一度整理すると、本選びに専念した。

結局、「バフェット」関係の入門書の中で、日本人の著者が書いた『入門・バフェット流・日本株投資成功法』という本を選んだ。まず、赤と白を基調にした明るいカバーデザインが目に飛び込んできた。また、文章がわかりやすくてやさしそうだったし、「日本株投資成功法」というのも、なんとなく身近な感じがしたからだ。

それに何より、例として取り上げられている企業が、「サーティワン・アイスクリーム」「エービーシー・マート」「ひらまつ」「ポイント」「サンリオ」など美紀にもなじみのある会社だった。ちなみに、「サーティワン・アイスクリーム」は米国発のアイスクリームチェーン店である。「エービーシー・マート」は銀座２丁目に「プレミアステージ銀座店」があり、美紀も時々スニーカーなどを買う。「ひらまつ」はフレンチやイタリアンなどの高級レストランのチェーンだが、短大時代からの親友の田中みよが昔から株を持っていて、２割引の株主優待価格で食事ができる。だから彼女が結婚する前は、２人でよくディナーを楽しんだ。「ポイント」は、現在「アダストリアホールディングス」と名前が変わっているが「ローリーズファーム」や「グローバルワーク」などのブランドで有名である。最近はここで服を買うことはなくなったが、20代だった頃の美紀は、休みの日によく買い物に行っていた。そして「サンリオ」については改めて説明する必要もないだろう。「キティちゃん」ことハローキティは、レディ・ガガにも愛される世界的大スターである。

あまり立派な理由ではないが、とにかく選んだ本を携えて、美紀はレジの行列に並んだ。すると後ろに強烈な人の気配がした。思わず振り向くと、先ほどの長身の紳士が立っていた。目が合って、紳士も驚いたようだった。「ごめんなさい……」と言ってあわてて美紀は前を向いた。決まりが悪かったが、幸いレジの順番がすぐに来たので、前に一歩踏み出して支払いをすませた。

事件は丸の内で起こった！

丸善を出たところで、誰かに押されてよろめいた。思わず隣の人に抱きついてしまったが、それは先ほどの長身の紳士だった。

美紀が電信柱のような彼に抱きついたまま呆然としていると、

「大丈夫ですか？」

という声が頭の上から聞こえてくる。予想したとおり、流ちょうで自然な日本語だ。

「ええ、大丈夫です。よろめいてしまって……失礼しました！」

さっき振り向いたときに目が合っているせいもあって、かなりバツが悪くて美紀の顔はほんのり赤みがさしていたが、紳士の方も女性に抱きつかれたせいか顔がピンク色に変わっている。

美紀は、逃げるようにその場を立ち去って、地下鉄丸ノ内線東京駅の改札に向かった。東京駅から赤坂見附、表参道を経て東急田園都市線の三軒茶屋まではいつもの通勤ルートである。改札でパスモを使おうとして、バッグの中の財布を探した。

「あれ？　バッグの留め金が外れている……」

丸善のレジで支払いをすませ財布をしまったときに閉め忘れたのかしら？　そう思いながらバックの中をまさぐったが、財布は見つからない。しまいには、券売機の脇の小さなスペースに中身をすべてぶちまけ、目を皿のようにして探したが見つからない。

「丸善のレジで支払いをしたんだから、なくしたとすればあそこからここまでのわずか数分の間……、そうだわ！　よろめいてあの外国人の大男に抱きついたときに違いない。もう１人仲間がいて、その男が後ろから押して、私が大男に抱きついて呆然としている間にバッグの中から……」

何の証拠もないのに、美紀の頭の中では「外国人大男犯人説」の妄想があっという間に広がり、確信へと変わっていった。

今日はもともと銀座でショッピングをするつもりだったから、現金だけでも20万円くらい入っている。その他にも、五菱銀行のキャッシュカードや永久不滅ポイントの恩恵にあずかっているセゾンカード、それにちょっと背伸びして手に入れたアメックスカードなどが数枚。財布だって、プレゼントをくれる彼氏がいないから、今年の35歳の誕生日に自分へのご褒美として清水の舞台から飛び降りる勢いで買ったプラダの高級品。

自分のうかつさに対する情けない思いや、すり取ったに違いない外国人大男への怒りがないまぜになって、改札の前で呆然と立ちつくす美紀の目からはうっすらと涙があふれてきた。数分間抜け殻のように立っていた彼女は当てもなく地下構内をうろついた。「あの外国人を見つけてやる！」という体を突き抜ける衝動が美紀の体を動かしている。しかし、美紀から財布をすり取った一味の外国人大男が、今頃こんなところをうろうろしているはずがない。

ところが驚くべきことに、絶望的な気分の美紀の目に飛び込んできたのは、今まさに丸ノ内線の改札の前を通ろうとしているあの外国人大男であった。美紀の頭の中は空っぽだった。ただ条件反射的に、脱兎《だっと》のごとく男に向かってダッシュ。その気配に気づいた男が振り向こうとする前に、男の背中に美紀が飛び乗った。大男と小柄な美紀。お父さんが娘をおぶっているようにも見える体勢から、2人とも前へ倒れ込んだ。

男は、前へ倒れ込むときに頭を打ったのか、額から血を流している。そして、死んだように動かない。だが、美紀はそれには気がつかずにげんこつで男を殴り続けた。異変を察知した通行人の一人が止めに入り、周囲には黒山の人だかりができた。誰かが通報したのだろう、鉄道警察官もやってきた。意識を失った男は、警察官に続いてやってきた救急隊員に担架で運ばれていった。美紀は2人の警察官に両脇を抱えられ、東京駅の丸の内側と八重洲側をつなぐ北側の自由通路上にある鉄道警察隊・東京分駐所まで連れて行かれた。

あまり広くない分駐所の中で、美紀は小さなデスクを挟んで警察官と向き合った。

「まずは事情を説明してもらいましょうか？」

うつむいて調書の記入を始めた警察官の言葉を待っていたかのように、美紀は丸善を出てからの出来事を早口でまくしたてた。彼女に時々ゆっくり話すように促すものの、ほとんど黙って調書を記入していた警察官は、ペンを置くと美紀にこう質問した。

「ところで、その外国人の男性があなたの財布を抜き取るところを目撃しましたか？」

「いいえ……」

「それでは、その外国人の男性があなたの財布を盗んだという証拠は何かありますか？」

「いいえ……」

まだ20代と思しき若い警察官は、深くため息をつきながら、次のように美紀に告げた。

「そのような状況ですと、外国人の男性から暴行罪などであなたが逆に訴えられる可能性が高いですね。男性は救急病院に搬送されているので、明日にもご本人から事情をお聞きして改めてご連絡します。あなたの身分証等も確認させていただいたので、今日のところはお帰りいただいて結構ですよ」

見つかった財布

三軒茶屋駅から徒歩5分。茶色いレンガタイル貼りのマンション3階の1LDKの自宅に戻った美紀は、憔悴《しょうすい》しきっていた。ダイニングの椅子に倒れ込むように座ると、そのまま服も着替えずに眠り込んだ。

気がつくとソファーの上で横になっていた。自分でも無意識のうちにダイニングの椅子から移動したらしい。窓のカーテンを開けると、満月だった。

「満月の夜は殺人事件が多いと聞いたことがあるけれども、今日の私のとんでもない行動も満月のせいかしら」

それからは、結局一睡もできずに朝を迎えた。三軒茶屋から東京駅まで、いつものようにおじさんたちに押しつぶされそうになりながら電車を乗り継ぐ。

五菱銀行のオフィスのドアを開けるときはちょっと緊張した。昨日の丸ノ内線改札での失態が、銀行の誰かに伝わっているかもしれないと思ったからである。しかし、まだその話が伝わっていないのか、あるいは行内中の噂になっていてもみんな素知らぬ顔をしているのか、同僚たちはいつもと同じような態度で美紀に「おはようございます」と声をかける。

警察から美紀の携帯に電話があったのは正午を2～3分過ぎたころである。ランチに出るような顔をして、あわてて外に飛び出した。

「瀧本美紀さんの携帯電話ですね」

「はい、瀧本です。昨日は大変ご迷惑をおかけしました。外国人の男性の方は大丈夫でいらっしゃいましたか？」

「ええ、精密検査はまだですが、今のところの診断ではかすり傷程度だということです」

それを聞いて美紀は胸をなでおろした。そこで警官はさらに改まった口調になった。

「瀧本さんがすられたという財布は、プラダの赤い長財布ですね？」

「はい」

「昨日その財布が見つかりました」

「えっ？　どちらで？」

「昨日、瀧本さんに分駐所に来ていただいていたところ、東京駅の大丸でカードで支払いをしようとした女性がいたんです。挙動が不審ということで本人確認をしたところ、自分のものではない瀧本さん名義のカードを使用していたことがわかりました。そして、その女性が瀧本さんの財布を持っていました。丸善の入口のあたりで拾ったそうですよ。普通は外側の財布なんか捨ててしまうんですが、よっぽど高い財布なんですかね？」

「ええ、まあ……」

たぶんそんな返事をしたのだろう。美紀の頭の中はまるで停電したかのように真っ暗になっていたので、記憶がない。

「ということは、無実の男性を私はボコボコにしてしまったんだわ」

と美紀は心の中でつぶやいた。あまりのことに、寒い冬の日でコートどころか上着も着ずに飛び出してきたというのに冷や汗が噴き出してきた。

「それで、どうされます？」

最初は警官の言葉の意味がわからなかった。

「つまり……、その外国人の男性は明らかに無実と思われるので、瀧本さんから今回の件について謝罪をされますか？」

「ええ、もちろん」

「それでは、ご本人に確認して改めてご連絡します」

警官から2回目の電話があったのは、昼休みも終わりに近づいた午後1時5分前である。

「男性は瀧本さんにお会いになるそうです。マーク・ハサウェイさんとおっしゃって広尾病院に入院されています」

美紀は急いでオフィスに戻ると、体調不良を理由に早退した。実際、朝も昼も食べていなくてちょっとふらついていたし、何より顔面も蒼白だったから、上司も「気をつけて」と気遣ってくれた。

破裂しそうな心臓

都立広尾病院は地下鉄日比谷線広尾駅から徒歩7～8分。慶應義塾幼稚舎のそばである。受付で面会手続きをすませた美紀は、心臓をバクバクさせながら病室へ向かった。ドアをノックするが返事が返ってこない。恐る恐る引き戸を開けると、個室のベッドに１９０センチの長身の男性、マーク・ハサウェイが横たわっていた。おでこの包帯が痛々しい。寝息を立てて気持ちよさそうに寝ているハサウェイを起こさないよう、ベッドサイドの椅子に腰かけた。

20分ほど経ったころ、ハサウェイが目を開けた。美紀は思わず椅子から立ち上がり、直立不動になった。ハサウェイは一瞬「何が起こったのだ？」という顔をしたが、すぐに状況を理解し美紀にゆっくりと微笑みかけた。そして、体がこわばった美紀が大きく息を吸って謝罪の言葉を発する前に、流ちょうな日本語で次のように言った。

「ああ、今度のことなら気にしなくていいから……」

「お詫びの言葉もありません……」

と、まだ美紀はひたすら恐縮していた。

「いやあ、私のような大男があなたのような小柄で華奢《きゃしゃ》な女性にやっつけられたなんて、カッコ悪くて誰にも言えないし……。それにしても元気なお嬢さんだね！」

と、ハサウェイは上半身を起こして美紀にウィンクした。

「でも、大変なことをしてしまって……。私でできることがあれば、何でもおっしゃってください」

そう言われたハサウェイは、少し考えてから、

「入院なんて考えてもいなかったから、パソコンも本も何も持ってこなくて……。スマホの小さな画面は年寄りにはきついし、退屈していたところなんだ。少し話し相手をしてもらえるかな？」

「もちろん喜んで！」

よもやま話を小一時間ほどした。ハサウェイは以前18歳のお嬢さんを亡くしており、今生きていれば美紀と同じくらいだそうだ。相当なやんちゃだったそうだが、美紀に優しくしてくれるのはそのせいかもしれない。そして、日本人の奥さんにも先立たれ、現在は自由な生活をエ

ンジョイしている。もちろん、残りの人生を遊んで暮らせるだけの資産は十分持っている。数十億なのか、数百億なのか、数千億なのかはわからないが、そのくらいの金額になると実感がわかず、美紀は「たくさんのお金」とひとくくりにしてしまった。しかも、丸善の棚にも関連本がたくさん並んでいた「ウォーレン・バフェット」という投資の神様の理論を徹底的に研究して、投資だけでそれだけの「たくさんのお金」を稼いだらしい。

美紀は好奇心を押さえ切れずに、

「そんなにたくさんのお金を投資で生み出すなんて、何か秘密の方法があるんですか？」

とハサウェイに質問した。

あまりにもストレートな質問だったかな？　と言ってしまってから後悔したが、ハサウェイは嫌な顔もせずに真面目に答えてくれた。

「よくそういう質問をされるんだが、投資で成功できる〝秘密の方法〟なんてないと断言してもいいよ。結局は誰よりもよく勉強して、自分で一生懸命創意工夫して、初めて投資で成功できる。たとえば、会社を起業してビジネスを成功させる〝秘密の必勝法〟などないのと同じだよ。努力して自分で考え、決してくじけないことが成功の秘訣だ」

もしかして「秘密の方法」があるのではないかと心の底で少々期待していた美紀は、少し落胆した。その表情を見てとったハサウェイは、こう続けた。

「〝秘密の方法〟は存在しないが、バフェットも実践している〝正しい方法〟なら教えてあげることができるよ」

「えっ、本当ですか？　うれしいわ！」

「美紀さん、あなたはゴルフをするかな？」

突然の問いかけに美紀は少々戸惑ったが、まったくプレーしないわけではない。一応道具は持っていて、コースもラウンドするが、大概は「他のプレーヤーの引き立て役」となるスコアに甘んじている。

「はい、たしなみ程度には……」

「それなら、『ゴルフが上手になりたいなら、最初に正しいフォームを固めろ』という話を聞いたことがあるよね？」

「はい」

「投資も同じさ。最初に〝正しいフォーム〟を学べば早く上達できる。そして、ゴルフもそうだが、どうせ学ぶなら一流のプレーヤーにレッスンをお願いしたいだろ？　ゴルフで誰がナンバーワン・プレイヤーなのかは一概に言えないが、投資の世界でのナンバーワンはバフェット以外に考えられない。オリンピック競技でバフェットを金メダリストにたとえたら、2位から6位まで該当者なしで、7位以下のレベルをたくさんの有名投資家が争っているという感じかな」

「バフェットって、本当にすごいんですね！」

「長年にわたって、マイクロソフト創業者のビル・ゲイツと世界一の富豪の座を争ってきたのは有名な話だね。でも、バフェットがすごいのは投資で生み出す金額だけではなく、〝負けない〟ことだ。１９５７年度から２０１４年度の58年間の間に運用成績がマイナスになったのはたったの２年間だけ。つまり、残りの56年間は常に資産を増やしてきたのだ。不敗と言っても良い成績だろう。しかも、１９６５年から２０１４年までの50年間のトータルの上昇率は75万１１１３％。つまり、ここに今１００万円があるとしたら、50年後には約75億円になっているということになる」

75億円という金額はまったく実感がわかなかったし、50年後なんて生きているかどうかわからない。しかし、「損をしないで増やしていく方法なら私の年金計画にはぴったりの方法だわ」と美紀は心の中で思った。

あらぬ疑い

「悪いけど……、喉が渇いたから飲み物を買ってきてもらえないかな？」

「はい、何がよろしいですか」

「ペットボトル入りのお茶か、それがなければ水で構わないよ」

病院の地下1階にある売店へ降りるまでの間、美紀はあれこれ考えた。

「ハサウェイさんって本当にいい人だわ。あんなにひどいことをしたのに、全然怒っていないし、かえって私に正しい投資方法を教えてくれる。亡くなったお嬢さんと私を重ね合わせているのかしら？　それにしてもちょっとできすぎた話だわ。ハサウェイさんって本当に投資でそんなに大きなお金を稼いだのかしら？　今のところ本人の話だけだし……。あっ、いけない、いけない。あらぬ疑いでハサウェイさんをひどい目に遭わせたばかりなんだから、人を疑ってはいけないわ」

美紀が病室に戻ると、ハサウェイはベッドで横になってうつらうつらしていた。

「お疲れになりました？」

「いいや、あなたと話ができて大いに元気になったんだが、歳のせいかなあ。もう眠くなってきたよ。続きは明日でもいいかな？」

「本当ですか？　とってもうれしい！」

明日は幸い土曜日である。じっくりと続きの話を聞くことができそうだ。

「精密検査でも問題なかったから、午前中には退院できるそうだ。12時30分にここのロビーで待ち合わせよう」

「はい、楽しみにしています！」

安く買って高く売る

次の日、広尾病院で落ち合った２人は、タクシーで表参道に向かった。青山通りから少し奥まったビルの地下にあるシェ松川・青山サロンが目的地である。ハサウェイは常連客なのか、ドアを開けた途端、支配人らしき人物がやってきて丁寧にお辞儀した。

「ハサウェイ様、〝いつもの〟でございますね？」

彼が軽くうなずくと奥の個室に案内された。10人くらい入りそうな個室に２人だけ。メニューもなく、何も注文しないのに、部屋に入った瞬間、グラスに入ったモエ・エ・シャンドンと色鮮やかなオードブルが運ばれてきた。

「まずは乾杯」

２人はグラスを合わせた。包帯がとれた額の傷跡が痛々しいが、改めて見るとハサウェイはやはりいい男である。「もっと若ければ……」と美紀は心の中で思った。

「さて早速、昨日の続きを始めようか？」

「よろしくお願いします！」

「まず、バフェット流で最も大事な2つのポイントを勉強しよう」

大事な2つのポイント！　美紀は一言も聞き逃すまいと耳を傾けた。

「まず、1つ目は投資家のマーケットに対する対処法だ。こう言うと難しく聞こえるかもしれないが、簡単に言えば、『**投資家はどう行動すべきか**』ということになる。

どのようなマーケットでも価格の乱高下はある。そして大多数の投資家が、その価格の乱高下に振り回され大きな損失を被る。そして市場から消えていってしまう。そうならないようにするのが『投資家はどう行動すべきか』だ。このポイントは、〝マーケット君〟に登場してもらって別の機会に話すことにしよう」

「マーケット君？　何かしら。まるで〝むじんくん〟みたいな響きね。まあいいわ……、とにかく〝またの機会〟というからには、次も彼に会える機会があるのね。とてもうれしいわ」

と美紀は心の中でつぶやいた。

「2つ目の重要ポイントは『**安く買って高く売る**』ことだ」

最初この言葉を聞いたとき、当たり前すぎて美紀は思わず笑いそうになった。彼が冗談を言ったと思ったのである。しかし、ハサウェイが真面目な顔をしていたので、何とか踏みとどまった。が、ハサウェイは、彼女の表情の変化を見逃さなかった。

「今笑ったね」

「ええ……まあ……」

ハサウェイは別に怒っているわけではなかったが、美紀はきまりが悪くて顔を赤らめた。

「まあ、大概の人の反応はそうだから、仕方がないが。多分、世の中のほとんどの人が、そんなこと自分でもできると思っている。しかし、実は世の中のほとんどの人ができていないのが、この『安く買って高く売る』ことなのだ！」

「ええっ、そうなんですか？」

美紀は驚いて、運ばれたスープの皿を袖で引っ掛けてひっくり返しそうになった。本当にそんな簡単なことがみんなできていないのかしら？

美紀がまだ訳がわからずぽかんとしているので、ハサウェイは続けた。

「あなたも少しは投資をしているそうだが、たとえば昨日のトヨタ自動車の株価の終値7800円が高いか安いか言えるかね？　あるいはあなたが持っている投資信託や外国債などが高いか安いかを言うことができるかな？」

「えーと、数年前のトヨタ自動車の株価は確か3000円くらいだったような気がするから、今の株価は2～3倍ということですよね？　短期間に株価がずいぶん上がっているから今のトヨタの株価は高いんじゃないでしょうか？」

スープを飲みほし、魚貝のサラダを食べ始めていた無表情のハサウェイは、それには答えずに質問を続けた。

「それでは、あなたの持っている投資信託や外国債の今の値段は安いのか高いのかな？」

「投資信託や外国債が安いか高いか……わかりません。そもそも、投資信託や外国債に〝値段〟というものがあるんですか？」

エビがメインの魚貝サラダをすくっているフォークを手元に置くと、ハサウェイは、

「それでは、まずトヨタ自動車の株価だね」

と話を始めた。

１００万円のカップヌードル

「陥りやすい間違いだが、昨日の株価や先週の株価、さらには1年前や3年前の株価と現在の株価を比べても、今の株価が安いか高いかは絶対にわからないんだよ。実際、バフェットは**『スクリーンで点滅する株価を見ても投資の役に立たない』**と言っているし、彼は株価を滅多に見ないことで有名なんだ」

「でも、それなら何と比較して今のトヨタの株価が高いか安いかを判断したらいいのですか？

それに株価を見ないのなら、バフェットはどうやって投資する会社を決めるのかしら？　一日中時間を持て余しているというわけですか？」

「そうそう！　そうやって疑問を持つことはとても大事だね！　それこそが学習の原点だ！」

それまで無表情だったハサウェイの顔に笑みがこぼれた。

「それでは、ちょっと質問を変えてみよう。その前に……」

彼はメインの白身魚を持ってきたギャルソンに次のように頼みごとをした。

「悪いんだけど、メビウスをワンカートンと日清カップヌードルを10個ほど買ってきてもらえるかな？」

そのギャルソンは、ずいぶん訓練されているのか、嫌な顔ひとつせずに、

「ハサウェイ様、かしこまりました」

と一礼して退室した。しかし、メビウスはともかく、カップヌードルを買いに行かされたことにははらわたが煮えくり返って、「この馬鹿親父！」と心の中で思っていたに違いない。

しかし、ハサウェイはそんなことにはお構いなく、ブールブラン・ソースがたっぷりかかった明石の鯛をナイフとフォークでカットしている。

ギャルソンがメビウスとカップヌードルを手に戻ってくると、２人の雑談は再び「勉強」に戻った。広々としたテーブルに品物を置いたハサウェイは、

「このカップヌードルを1個100万円で売りたいんだが、あなたは買うかな？」

美紀はびっくりした。「この紳士然とした男はやっぱり詐欺師だったんだわ。カップヌードルを100万円で売りつけるなんて！　ナントカ商法だったのね！　このレストランの支払いだって私に押しつけるつもりだわ」と思い、表情がこわばった。

それに気がついたハサウェイは、

「もちろん、仮定の話だよ。あなたに実際に買ってもらおうというわけではない」

とあわててつけ加えた。

美紀は少し安堵したが、興奮が残っていたので、

「100万円なんかで絶対買わないわ！」

と強い調子で言ってしまった。

「もちろんそうだろう。それでは私が10円で売ると言ったらどうだね？」

日清カップヌードルなら特売でも100円以下になることはあまりないから、「10円ならずいぶんお得な買い物だわ」と思った美紀は、「買います」と答えた。

「もちろんそうだろう。そしてあなたは気がついたかね？」

「えっ？　何にですか？」

「カップヌードルの値段が安いか高いかということはすぐにわかるということだよ！」

「確かにそうだわ！　トヨタ自動車の株価が高いか安いかなんてわからないけれど、日清カップヌードルが780円だったら高いということはすぐにわかります！」

「そう、あなたがカップヌードルの値段が高いか安いかすぐわかるように、バフェットは色々な会社の値段が高いか安いかがすぐにわかる。だからナンバーワン投資家なんだ。そして、高いか安いかがすぐにわかるということは〝定価〟がわかっているということになる。私はこのことを**『定価がわかれば投資の8割はすでに成功している』**という言葉で表現している」

「少しわかってきました。自分が投資する株などの金融商品の〝定価〟もカップヌードルと同じようにすぐにわからないといけないんですね。でも、世の中の大多数の人は自分が投資している金融商品の定価はカップヌードルと同じようにはわからないから、自分が投資した値段が高いか安いかは実はわかっていない。だから『ほとんどの人が安く買って高く売ることができない』のですね」

「ずいぶん呑み込みが早いね！　教えがいがあるというものだ。残念なことに大多数の人は『高く買って高く売る（利益がごくわずか）』か『高く買って安く売る（損をする）』のどちらかしかできていないんだ。みんなが投資をしようとするときには、株などの投資商品の値段はすでに高くなってしまっているからね。結局、バフェット流で成功するには、〝定価よりもできるだけ安く買うこと〟が一番大事なんだ。実際、彼は『**投資をしてしまえば（＝定価よりも**

安く買ってしまえば）、後は投資家がすることはない』とも言っている」

「最初が肝心ということかしら？」

「そう、まったくその通り」

そこへ、メインの肉料理がやってきた。米沢牛の分厚いステーキだ。

料理と一緒にやってきた赤ワインのグラスを口に運びながら、ハサウェイは話を続けた。

「そして、投資信託や外国債などの債券にも値段や〝定価〟は存在する。ただ、投資信託などの金融機関がつくった金融商品の〝定価〟を知るのは私でも難しい。なぜなら、企業をはじめとする色々な対象に投資しているので、いつどんな商品に投資したのかをまず調べ、さらにはそれぞれの企業をはじめとする投資商品の〝定価〟をはじき出さなければならない。それなら、トヨタ自動車など、投資信託が投資する先の会社そのものの定価を直接はじき出した方がよほど簡単というわけだ」

「投資信託ってそういう仕組みなんですね。私、投資信託が一体どのようなものかわからずに買っていました……」

「まあ、大概の人はそんなものだろう。そして、多くの人が安全と考えている国債にも大きなリスクがある。外国の国債にはカントリー・リスクと呼ばれる、〝もしその国が破綻したら国債が紙くずになってしまう危険〟があるのは知っているよね？」

「ええ、なんとなく……」

「それでは、国債の価格変動リスク、すなわち国債も株と同じように値段が乱高下することは知っているかな？」

「えっ？　１００万円の国債は１００万円で値段は変わらないのじゃないんですか？」

「確かに償還、つまり国債の期日までずっと持っていれば１００万円の国債は１００万円だが、国債にも株式と同じような取引市場がある。そして、金利が上がったり下がったりするたびにその取引価格も変わる。１００万円の額面の国債が50万円で取引されることも珍しいことではない」

「半値になってしまうんですか！」

「場合によってはそうなるということだよ。その他、インフレリスクもあって、今の１００万円と10年後の１００万円の価値は違う。実質的なお金の価値が１００万円から50万円になってしまうようなことも決して珍しくはない」

「？？？」

「あっ、いけない、いけない。ちょっと熱くなって、いきなり上級レベルの話をしてしまったね……」

　確かに、特に後半部分の話は美紀の理解力を超えるものだった。ただ、今まで彼女が目隠しをして、投資信託や外国債に投資してきたようなものであることだけはよくわかった。

「目隠しをしていたから、自分の頭上に短剣がたくさんぶら下がっていたのがわからなかっただけなのね」

そう思いながら、彼女は今すぐこの場を抜け出して、自分が持っている投資信託や外国債をすべて解約したい衝動に駆られた。もっとも土曜日だから、どこの金融機関も休みだったが。

東京メビウス市場と東京カップヌードル市場

「さて、それでは、『過去の株価が現在の株価が高いか安いかに関係ない』ということも説明しよう」

ハサウェイは、カップヌードルとメビウスのカートンを少し離して置いた。

「こちらが東京カップヌードル市場、そちらが東京メビウス市場。いってみれば東京株式市場とニューヨーク株式市場のようなものかな?」

ハサウェイはにっこり笑ってそれぞれを指さすが、美紀には何のことなのかさっぱりわからない。

「東京カップヌードル市場では毎日カップヌードルの取引が行われている。今日は私の機嫌がいいから、このカップヌードルの売値を10円にしよう。あなたは買うかね？」

「はい、買います」

「それでは、今日の取引値＝終値は10円だ」

「明日は私の機嫌が今日ほどは良くないから、売値を１００円にしたとしよう。あなたは買うかね？」

少し考えた美紀は、

「やはり買います」

と答えた。

「すると明日の終値は１００円ということになるね。この値段と今日の10円という値段に何か関係があると思うかい？」

「いいえ……」

「そうだね。それでは１年ほど前のある日の市場で、宝くじに当たった人間がご機嫌になってカップヌードルを買い占め、５００円の高値をつけたとする。その値段と今日の10円という値段に関係があるかね？」

「ありません……」

「そう、カップヌードルの例で考えるとよくわかるだろう？　株式市場で過去どんな値段をつけたとしても、それは『現在の株価が安いか高いか＝定価より安いか高いか』を考える上ではまったく意味がないんだ」

ハサウェイはさらに続けた。

定価を知る方法

ギャルソンが押してきたワゴンタイプのミニテーブルの上の多彩なデザートから、美紀はチョコレートケーキを選んだ。フルコースをすべて平らげたので、少々お腹が張っていたが、デザートは別腹！　しかも美紀が大好きなチョコレートである。ギャルソンは、皿の上にコーヒービーンズをひとさじ乗せてくれた。コーヒーの風味がチョコの味をさらに引き立ててくれる。ハサウェイのためには、すでにテーブルの上にヤギのチーズが用意されていた。はちみつをかけて食べるとなかなかの美味である。ハサウェイはオリジナルブレンドのブラックコーヒー、美紀はカプチーノを頼む。

「ところで、〝定価〟はどうやればわかるのですか？」

美紀はハサウェイに向かって口を開いた。さっきから気になって仕方がなかったことである。

ハサウェイは、ヤギのチーズにたっぷりのはちみつをかけ終えるとこう答えた。

「それがわかれば〝投資の8割は成功したも同然〟だから、逆に言えばそれほど簡単なことではない。しかし、あなたに〝定価を知るためのヒント〟を教えることはできるよ」

ハサウェイはチーズが乗った皿をわきへよけると、先ほどのメビウスのカートンを引き寄せた。

「このワンカートンを1つの会社、たとえばトヨタ自動車ならぬメビウス自動車だとしよう。そして、メビウス1箱を1株だとしよう。そうすると、このメビウス自動車は全部で何株で成り立っているかな？」

「えーと、ワンカートン10個入りですから、10株ということになります」

「そうだね」

と言いながら、ハサウェイはカートンの包を破いた。そこには確かに10箱＝10株あった。

「それでは今度は1箱を最低売買単位だとして、たばこ1本が1株だとしよう。全体で何株あるかな？」

「確か一箱20本ですから、全部で200本＝200株になります」

「そうだね。それでは、全部で200株あるとして、このワンカートン全体の定価＝200株が4300円だとしよう。20本入った一箱（最低売買単位）の値段はいくらだろう？」

「430円です」

「そして、1本＝1株は430円の20分の1ということになるから21・5円。このメビウス自動車の1株当たりの定価は21・5円ということになる」

「なるほど、会社全体の定価がわからないと、その一部分である1株の定価がわからないということですね」

「よくそこに気がついたね。そうなんだ。バフェットも『**会社を丸ごと買うときも、その一部分を買うときも、私は同じように考える**』と繰り返している。バフェットは並みの会社なら丸ごと買える資金力を持っているから、会社を丸ごと買うM＆Aも頻繁に行っている。バフェットに限らず、M＆Aをするときには、会計士やコンサルタントなども交えてその会社の『適正価格＝定価』を算定するのに時間と労力をかけるだろう？　その苦労して定価を算定した会社の一部分が株式だ。だから、バフェットは会社の一部分である株式を買うときも（たとえそれが1株であっても）M＆Aをするときと同じように、じっくりと時間をかけて研究するんだ」

「そう言われても……私には会計士やコンサルタントなんてとても雇えないわ」

「大丈夫。会計士やコンサルタントを使って算定した会社の定価なんて、ほとんどの場合、間違っているし、バフェットは会社の価値を算定するときには会計士やコンサルタントを使わないんだ」

「いったいどうするんですか？」

「誰でも見ることができる会社のホームページで公開されているような決算書や会社案内などを見て、会社の定価を算定しているんだよ」

「決算書というのはちょっと難しそうだけど、会社案内なら私でも大丈夫！　何とかなるかしら？」と美紀は心の中でつぶやいた。

子ども投資家

ギャルソンが再びワゴンを押しながらやってきて、

「デザートのお代わりはいかがですか」

と声をかけたが、2人ともさすがにこれ以上は食べることができない。美紀はワゴン上のカットされたホールケーキを残念そうに眺めながら、

「さっきのカートンの話は、ケーキでも同じですね？」

とハサウェイに話しかけた。

「そう！　そうやってどんどん成長してくれるのはうれしいね！　1つのホールケーキを8つに切れば8株の会社。16個に切れば16株の会社。32個に切れば32株の会社。（発行）株数が違えば1株の値段は違うけれども、全部合わせれば全部同じ価値＝値段になる」

「でも、同僚の行員が、『投資している会社が株式分割したおかげで儲かった』と言っていましたが、それはどういうことですか？」

「確かに、株式分割があると喜んでその株を買う人がいるね。でも、それはこういうことなんだ。１つの大きなケーキを４つに切って、４人の子供にそれぞれ１個ずつ分ける。すると、その中の１人がもっとケーキが欲しいという。そこでその子のケーキをさらに半分に切ってあげる。すると、その子供は『１個のケーキが２個になった』と大喜びするんだ。もうわかるよね？　４分の１のケーキを２つに切って８分の１にしても、その２つを足せば結局４分の１。何も変わっていないが、子供は見かけが変わっただけで喜ぶんだ」

「ということは、株式分割で喜んでいるのは子供レベルの投資家ということですか？」

「とても残念だが、その通りだ」

揺れる懐中時計

「さて、今は何時かな？」

ハサウェイは、懐からクラッシックな懐中時計を取り出すと、蓋を開けて文字盤を見た。美紀もスマホを取り出して時間を見る。たっぷりと時間をかけて食事をしたので、もう午後３時

■図表1　振り子が定価を通過する図

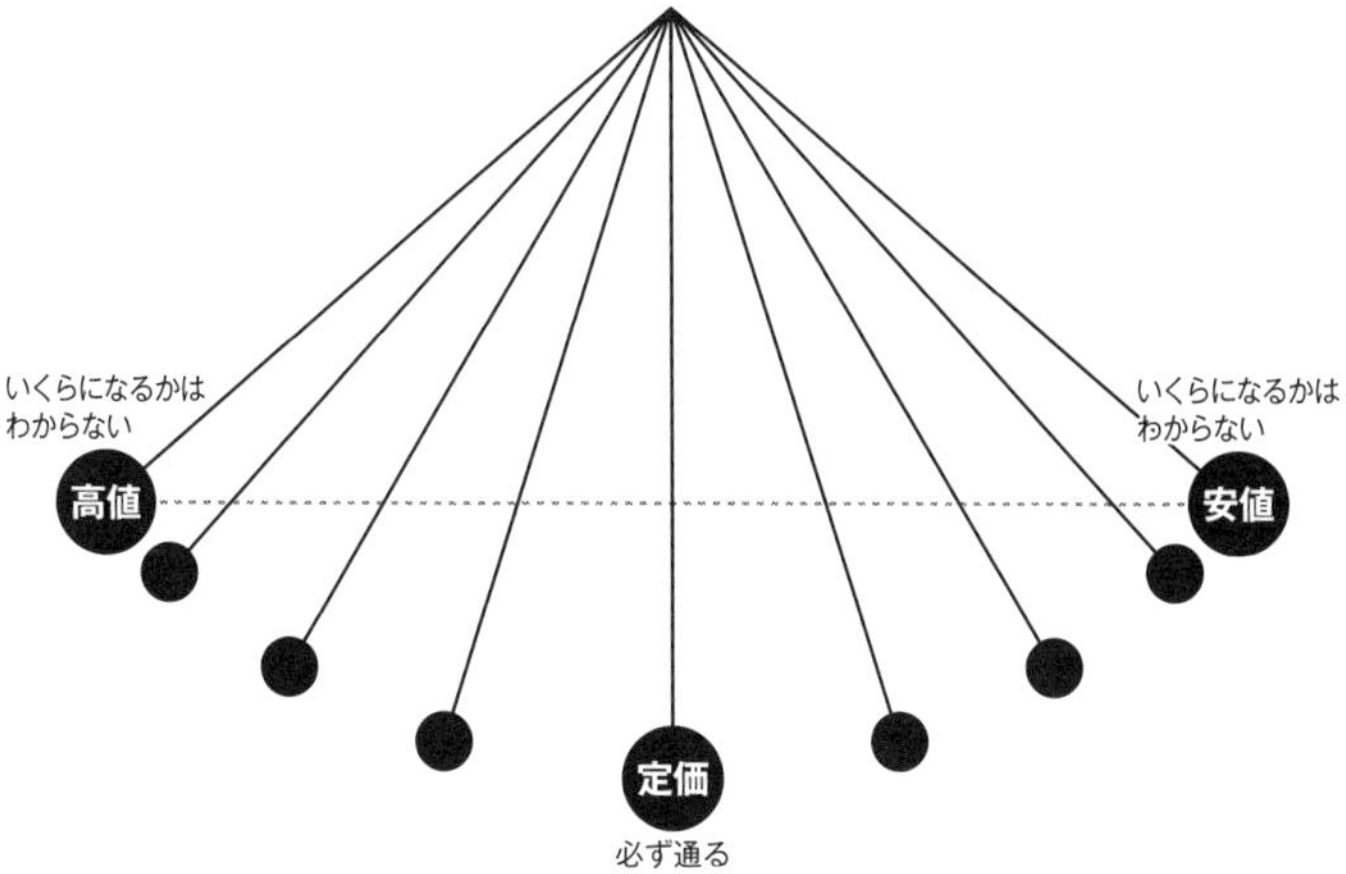

を過ぎている。

「もういい時間だから、最後に〝定価〟とは一体何かまとめてみよう。この懐中時計を見てくれるかな？」

彼は、懐中時計の鎖の端を持って、振り子のように揺らす。美紀はまるで催眠術をかけられているようだと思ったが、すぐにハサウェイから質問が飛んできた。

「この懐中時計で〝定価〟を表現しているんだが、どこかわかるかな？」

彼は懐中時計を強く揺らしたり、弱く揺らしている。

「よくわかりません……」

美紀は見栄を張らずに、正直に答えた。

「確かにこれは難しい質問だったかもしれないね。それでは質問を変えてみよう。強く振ったり弱く振ったりしているので、振り子の揺れはまちまちだ。しかし、この振り子が必ず通るところがある。それはどこかな？」

「真ん中の中心点ではないでしょうか？」

と美紀はすぐに答えた。

「正解！　そして、その中心点こそが〝定価〟なんだ。振り子の揺れが大きくても小さくても必ず中心点を通る。同じように株価が激しく上下に乱高下しても必ず中心点＝〝定価〟を通る。だから、定価より安く買えば定価（中心点）に戻ったときに必ず儲かるし、定価以上になったとき（中心点を反対に過ぎたとき）には、さらに大きな利益が転がり込む」

「それだから、バフェットは市場の株価をいちいち気にしないんですね」

「そう、市場の株価の上下は、振り子の動きと同じで気まぐれだからね。定価（中心点）より安く買えば必ず儲かるわけだから、市場の値動きに一喜一憂する必要はないということだよ」

一呼吸おいてから、ハサウェイは話を続けた。

「最後にまとめよう。バフェットは『バフェットからの手紙』という彼自身が執筆する有名な投資家向けレターで、師匠であるベンジャミン・グレアムから、『投資家はどう行動すべきか』と『安く買って高く売る（安全余裕率）』という2つの重要ポイントを教わるまでは『暗闇の中をさまよう子羊だった』と何回も告白している。バフェットは11歳のときから投資を始めているが、大学生になるまでは株に詳しいどこにでもいるような投資オタクにしか過ぎなかったんだ。つまり、この2つの重要ポイントをグレアムから学んで、初めて天才投資家バフェットが誕生したんだよ。だから、この2つのポイントこそ、バフェット流の原点だと言えるんだ」

美紀にも、「バフェット流の2つの重要ポイント」がかなりわかってきた。

バーゲンのチラシとお買い得品

「美紀さん、今日は楽しい時間を過ごすことができたよ。ありがとう」

「いいえ、とんでもありません。私の方こそ、とてもためになるお話と素晴らしい料理を楽しませていただきました！」

美紀は心の底からそう思った。

「それは良かった。それでは、ついでに買い物につきあってもらってもいいかな？」

「それくらいお安いご用です！」

2人はシェ松川を後にすると、青山通りに面した紀ノ国屋に入った。1910年、青山で果物商として創業。1953年に日本で最初のセルフサービス方式のスーパーマーケットとして開業したことで有名だ。現在は、スーパーマーケット部分は地下1階だけで、上部フロアーはファッション専門店、飲食店、美容店などが最上部の10階までぎっしりと入居している。

2人はエスカレーターで地下に下り、輸入品を中心とした豊富な品ぞろえの売り場を、カートを押しながらゆっくり歩いた。

ハサウェイのような外国人がたくさん買い物をしているし、何より美紀がいつも買い物をしている三軒茶屋のマイバスケットなどとは品物の値段が違う。

「品質は良さそうだけれども、こんなところで毎日買いものしてたら、貯金なんかできないわ……」

と彼女はつぶやいた。

ハサウェイは、リンゴやキウイなどのフルーツをいくつかカートのカゴに入れると、一直線にチーズ売り場に向かった。そして、ブルーチーズ、ヤギのチーズ、カマンベールチーズなど、美紀があまり食べたことがないようなチーズを10個ほどカゴに投げ込んだ。そして、美紀の方を振り返った。

「買い物って、投資にすごく似ているんだよね！」

「えっ？　買い物が投資にですか？」

「今、**『バフェット流投資の根本は定価よりできるだけ安く買うこと』**という勉強をしたばかりじゃない？」

「確かに〝お買い得品〟を見つけるのは買い物の最大の楽しみの1つですね」

「〝お買い得な投資商品〟を見つけたとき、私はすごく興奮するが、バフェットも同じだ。何せ、お買い得品を買った時点で、儲かることが確定するわけだからね」

「私も百貨店のバーゲンで、お買い得品を見つけると、とてもうれしいです！」

「友人から聞いた話だが、買い物のプロの主婦たちは、手に入るあらゆるスーパーのチラシを目を皿のようにして読み込み、一番安い店を探す。それだけじゃない、毎日のチラシ価格をパソコンに入力し、そのグラフから商品価格ごとの〝底値周期〟を割り出す。お目当てのスーパーが底値で特売をするまではじっと我慢して買い控え、特売が始まったら一気に買い占める！　ここまでくるともう〝買い物の相場師〟と言ってもいいだろう？」

美紀にもハサウェイがいう〝定価〟というものがよくわかってきた。

「トヨタ自動車の定価も、チーズの定価も、基本的な考え方は同じということですね？」

「証券アナリストというと、何だか難しそうな話をしているような気がするが、要するに主婦がスーパーのチラシを分析するように、会社の報告書や決算書を分析しているにすぎないんだ。決して難しいことではないよ！」

「チラシの分析なら私もできそうです！」

次回

たくさんのフルーツやチーズ、それに少しのパンと牛乳の入った袋を抱えたハサウェイは、再びエスカレーターに乗り地上へ向かった。

美紀が「何かお持ちしましょうか？」と声をかけると、

「いや、大丈夫。私の家はこの裏だから……」

「紀ノ国屋の裏のビルと言えば、表参道スタービルディングという10階建ての商業ビルで、居住スペースはなかったはずじゃなかったかしら？」

と美紀は心の中で思った。

一瞬の沈黙の意味に気がついたハサウェイは、

「うん、リーマン・ショックの直後、東京の不動産も〝定価〟を大きく下回る大バーゲン価格になったのは知っていると思う。このビルも掘り出し物としてある仲介業者が持ち込んできたので、即金で買ってちょうど空いていた9階と10階を私の家に改造したんだ。外からはわからないが、パーティールームもつくってあるから、今度遊びに来るかい？」

表参道スタービルディングのエントランスにたどり着いたハサウェイは美紀に微笑んだ。

「はい、ぜひお願いします！」

本章のポイント

■バフェット流投資の最も大事な2つのポイントは、①「マーケットに対する対処法を知ること」（「安全余裕率」の概念を理解すること）、②「安く買って高く売ること」である。特に②は至ってシンプルな考え方であるが、ほとんどの投資家はこれが実践できず、「高く買って高く売る」「高く買って安く売る」のどちらかしかできていない。

■毎日の株価の変動に一喜一憂する必要はない。日々の株価の動きは基本的に無視するのがバフェット流である。重要なのは、自分が投資したい会社の〝定価〟を正しく知ることである。どのように市場の株価が乱高下しても、必ず〝定価〟を通る瞬間がある。

■投資における〝定価〟は、あたかも主婦が複数のスーパーのチラシを徹底的に分析して〝お買い得商品〟を見つけ出すのと同様、財務諸表などを見てその企業の収益や売上高、将来の成長性などの要素を総合的に判断して自分なりに決める。

■投資の基本は、この〝定価〟よりできるだけ安く買うことである。〝定価〟がわかれば投資の8割はすでに成功していると言える。

第2章　あなたならどちらと結婚する？

アニヴェルセル表参道

美紀がハサウェイにランチをご馳走になってからちょうど2週間後の土曜日。美紀と短大時代からの友人の田中みよは、アニヴェルセル表参道のカフェ＆レストランでアフタヌーンティーを楽しんでいる。美紀は、白のロングダウンコートの下に赤のワンピース。みよは花柄のワンピースの上にベージュのカシミヤのコートを羽織っている。美紀のつやのある黒髪は肩までの長さ。白のダウンコートの上で毛先が踊っている。みよは昔は艶やかなロングヘアーが自慢だったが、育児などがあるので今は思い切ったショートヘアーにしている。

表参道交差点、ランドマークのみずほ銀行の反対にある交番からすぐの場所に位置するビルである。１階はカフェだが3階以上は披露宴会場。結婚式はここから少し離れた場所に独立しているチャペルで行う。英国の教会で１２０年以上の時を刻んだステンドグラスやパイプオルガンを備えているそうだが、外観も白亜の殿堂とでも言うべき存在感がある。

２人とも朝食が遅く、まだランチを食べていなかったが、この後のパーティーに備えて、みよはイチゴのショートケーキとポット入りのダージリンティー、美紀はチョコレートケーキとコナコーヒーだけを注文した。

「ねえ、ねえ、ハサウェイさんってカッコいいの？」

注文を言い終わるか終らないうちに、みよは美紀にたたみかけるように話しかけた。

「そうね……背が高くてスリムで、顔もまあまあいけてるけど、おじいちゃんよ」

美紀は、まるで独り言をつぶやくように答えた。

「そんなこと構わないじゃない！　お金持ちなんでしょ！　玉の輿《こし》でどーんといっちゃいなさいよ！」

と、みよはさらにたたみかける。美紀は、首を振りながら、

「そんな感じじゃないみたいよ。亡くなったお嬢さんが私と似たタイプらしくて、それで色々親切にしてくれるみたいなの」

と答えた。その言葉を聞いたみよは残念さを顔いっぱいに広げながら書類の封筒を取り出した。

「これ見てくれる？　表参道スタービルディングの不動産登記簿よ」

「そんなもの一体どうしたの？」

「同級生の鈴木沙織って覚えている？　彼女ね、今大手の不動産会社で働いているの。それで調べてもらったのよ」

美紀は登記簿の読み方などよくわからなかったが、みよが指差すところを見ると、「メリンダ＆マークハサウェイ・コーポレーション」と書いてあった。

「メリンダって、奥さんかしら、お嬢さんかしら？　とにかくこの会社がすごいのよ。沙織の話だと、この会社は表参道だけでなく、銀座とか赤坂にもビルを持っていて業界でも有名らしいわ」

美紀はみよのそんな話を聞いても、あまり自分の現実とは関係ないような気がしていた。

「そう言えば、ハサウェイさんの財産のほとんどは株式で、不動産投資は息抜き程度にしかやっていないと言ってたわよ」

「これだけの不動産が息抜き？　いったいどれだけのお金持ちなの！　今日のパーティーはすごそうね！」

と、みよはうれしさを隠し切れない。

2人がここで落ち合ったのは、今日の5時からハサウェイの家でホームパーティーがあるからだ。ハサウェイが友達を連れてきてもいいと言ってくれたので、みよにも声をかけた。

私よりもみよがハサウェイさんにアプローチすればいいんだわ。昔からオジサン好きだったし……。もっとも、結婚したのはなぜか同い年の男性だったが、「彼が猛烈にアタックしてきて、いつの間にか結婚してきたの」と言ってたわなどと思っていると、

「ところで、ハサウェイさんから、何か投資に役立つことは教わったの？」

とみよが聞いてきた。

マーケット君

　ハサウェイからは半日でたくさんのことを学んだが、まだ消化し切れていない部分もある。でも、みよに話せば自分の理解も深まるかもしれないと思い、美紀は口を開いた。

「彼からはとてもたくさんのことを教わったんだけど、正直、どのくらい私が〝バフェット流〟を理解しているのかまったく自信がないの……。でも、印象に残ったエピソードはたくさんあるわ」

　彼女はみよに「東京カップヌードル市場」や「振り子」の話をした後、こう続けた。

「ハサウェイさんは、東京株式市場などの投資の市場は、すべて〝マーケット君〟というもので表わされると言うの」

「むじんくんじゃなくて、マーケット君？」

「みよもやっぱりそれを連想した？」

　2人ともケーキはすでに平らげて、もう少し何か食べたいと思ったが、パーティーが控えているので、ぐっと我慢しながら話を続けた。

「バフェットの師匠に当たるベンジャミン・グレアムという人が使った『ミスター・マーケット』という言葉がその基になっているらしいわ。とにかく、このマーケット君は、株価が上がり始めると強気になって、ひたすら株を買って、そのために借金もしてしまう。相場がピークをつける頃には、まるでもうすぐ世界征服できるくらいの気分でいるというわけ。ところが、ある日相場が下降し始めると、マーケット君は急に弱気になって明日世界が破滅するかもしれないと言い始めるの。そして、それまで高いお金を払って買い集めた株をタダ同然で売り払う。そして、懲りもせずそれを永遠に繰り返すというわけ」

「……かなり痛い話。でも、そのマーケット君って、どこにでもいそうね」

「市場で取引する人の大部分がマーケット君だから、市場そのものもマーケット君になるのだと思うわ」

「もしかして、そのマーケット君の逆をやれば投資に成功できるというわけ？」

とみよが問いかける。

「ええ、バフェットは『**大衆が恐怖におびえてるときに大胆に買い、彼らが熱狂しているときは臆病者のようにふるまえ**』と言っているそうよ」

と美紀は答えた。

「なるほどねぇ……。簡単そうだけど、確かにリーマン・ショックのときには、私は思い切って買うことができなかったわ。ためしにちょっとだけ買った株の値段が下がるかもしれないということばかりが気になって仕方がなくて、そのときが投資のものすごいチャンスだなんてことに気がつかなかったわ。あのとき、もっと買っていれば……」

「私なんか、内容がよくわからない投資信託や外債に投資していたから、そのときは気が気じゃなかったけれど、どうしていいかわからないまま放っておいたら、そのうち値段が上がってきたから、結果オーライね」

と言いながら美紀は店内を見渡したが、相変わらず混雑している。オープン席もあるが、冬だというのにそちらの席も結構埋まっている。圧倒的に女性客が多いが、美紀たちはその中で年齢が高めの部類に入るだろう。20代の頃、みよとよくこのカフェに来ていたことを思い出しながら、歳月の流れの速さを痛感した。

「バフェットは、マーケット君をこんな風に説明しているの」

「どんな風に？」

「たとえば、みよの家族が郊外に一戸建てを買うとするでしょう」

「旦那に頑張ってもらって、ぜひ実現したいわ！」

「すると、その隣にマーケット君が引っ越してくるの」

「……あまりうれしくない話ね」

「そうね、マーケット君は自分の家の庭に家の売買価格を表示する電光掲示板を立てる。株式市場で使うようなやつね」

「クレージーね」

「そして、朝9時～午後3時まで、分刻みでみよの家の購入希望価格を表示するの。あるいは別の日には、同じように朝から晩まで自分の家の売却希望価格を分刻みで表示するの」

「そんなことをして何の意味があるの！　不動産の価値なんか分刻みで変わったりしないわ！」

みよはちょっとイラついた感じで、美紀に言葉を放った。

「その通りよね。ショッピングセンターができたり、新しい道路ができたりして不動産の価値が変わったりすることはあるけれど、せいぜい数カ月とか数年単位の話でしょう？　でも、それは会社も同じでしょう？　トヨタ自動車やパナソニックの価値が数分、数秒単位で変わるわけがない。せいぜい数カ月や数年単位の話。それなのに、会社の一部分である株式を、分単位どころか、秒以下の単位で取引する株式市場って、とてつもなくクレージーなところだというのがバフェットやハサウェイさんの考えなの」

みよは思わぬ話を聞いて、言葉に詰まった。そして、ダージリンを口に含み、少し考えた後、こう言った。

「そのバフェットという人、鋭いこと言うわね……」

理想の結婚相手は？

店に入ってからたぶん1時間くらいは経ったはずだが、2人の話はまだまだ盛り上がる。

「ところで、みよの結婚生活は順調？」

「まあ……、上を望んだらきりがないけれど、主人も子供も元気だから悪くないわ。でも、彼の会社は、今のところ調子がよくてお給料もいいけれど、ゲームソフトの開発なんて〝ばくち〟でしょ。ヒットが出なくなったら一気に倒産……なんてこともあるし、まだ定年退職者も出たことがない会社だから将来どうなるか不安だわ。年金ももらえるかわからないし。だから、子供の手が離れたら元の職場に復帰しようと思うの。歳をとるまでにしっかりと稼いで貯めないといけないでしょ。主人の会社の万が一にも備えないといけないし……」

彼女は以前大手化粧品会社の至誠堂に勤めていて、合コンで、新進で勢いのあるゲームソフトメーカー・パプコンに勤める今の夫と知り合い結婚した。

「順風満帆な生活を送っていると思ったけれど、みよにも色々悩みがあるんだなあ。もっとも〝おひとり様〟の道をまっしぐらの私よりずっと楽しそう」

と美紀は思った。

「そういう美紀はいつ結婚するの？」

親友のみよであってもこの言葉は言ってほしくない。そこでこんな風に話題を切り替えた。

「そういえば、ハサウェイさんが〝理想の結婚相手〟の話をしてくれたわ」

「理想の結婚相手？　早く教えて！」

みよのあまりに真剣なリアクションに、美紀は次の言葉を発するのを少し躊躇《ちゅうちょ》した。

「理想の結婚相手といっても、もちろん投資に関連する話なの」

「美紀、どうかしたの？　結婚と投資が関係するなんてことがあるわけないじゃない！　そのハサウェイっていう人、ちょっと頭が……」

と言いながら、自分の頭の横でひとさし指をくるくる回した。

「そうよね、結婚と投資って普通は結びつかないわ。でも、ハサウェイさんの話を聞いているうちに『**結婚は人生最大の投資だ**』という言葉を思い出したの」

「『結婚は人生最大の投資』……胸にグサッとくるわ。私の人生最大の投資は成功だったのかしら。悔いが残る……なんちゃってね。美紀はこれから、人生最大の投資をするんでしょう？」

「うーん、今のところ〝人生の投資先〟が見つからないというところね。結婚する相手がいないから『投資と結婚した』なんて言われたくないけど、今は〝人生の投資先〟候補ゼロだから〝おひとり様〟コース確定かな？」

「美紀のような美人なら、投資先は選び放題でしょう！　選びすぎよ！」

「全然そんなことないんだけどね……」

美紀は、一瞬沈んだ表情を見せたが、すぐに立ち直って話を続けた。

「ハサウェイさんが最初に教えてくれたのは、『結婚するまでは両目を見開いて相手をしっかり観察しなさい。そして結婚してからは片目を閉じて相手のことをあまり見ないようにしなさい』という警句なの」

「その警句、私も聞いたことがある。私の結婚生活の経験から言っても、その言葉は絶対に正しいわよ。でも投資とはどんな関係なの？」

「投資でも『**投資商品を買うまではしっかり両目を見開いて観察し、投資商品を買ってしまってからは、片目をつぶって投資商品を見ないようにしなさい**』ということなの」

みよは、ちょっと納得がいかないという表情で、

「投資商品を買ってから片目をつぶって見ないようにしたら危ないんじゃない？」

美紀は、自分自身もハサウェイに同じ質問をしたことを思い出しながらこう答えた。

「そう、そこがバフェット流の重要ポイントなの！」

「へぇ、そうなの？」

投資を始めたら投資家はほとんど何もすることがない

「普通の人は株などの投資商品を買うと、値動きが気になって仕方がないでしょう。でも、それはさっきのみよの家の販売価格が電光掲示板で表示されているようなもので、その値段の動きに意味はないの。それよりも、みよがするべきは『家を買う前に徹底的にその家の良し悪しを調べること』でしょ？」

「そうね、家を買う前には、日当たりとか近隣の騒音とか、近所にどんな人が住んでいるのか、それにその不動産の将来の価値はどうなりそうか……とか、とにかく調べることが目白押しね」

「でしょ！　家を買ってしまってから、３軒隣の家の方がもっと日当たりが良かったなんて悔やんでも仕方がないでしょう」

「うん……」

「投資商品も家と同じで、買ってからどうこうしようとしてもほとんど何もできないの。ほとんどすべては投資商品を買う前に決まっている。バフェットはこのことを『**投資を始めたら投資家はほとんど何もすることがない**』と表現しているの」

美紀がハサウェイに教わったほぼそのままの内容を話すと、みよはちょっと考え込むようなしぐさをして、

「それって、〝私の人生最大の投資〟は今さらどうしようもないという皮肉？」

「いえ、とんでもない！」

美紀は一瞬冷や汗をかいたが、もちろんみよの目は笑っていた。みよは笑いながら、そして少し意地悪にこんな言葉を発した。

「確かに結婚と同じで、いったんスタートすると元に戻れないことはよくわかったけれど、何かをスタートしないことには何事も始まらないでしょう？　美紀みたいに〝投資先〟をいつも見送っていたら、結局投資はうまくいかないんじゃないの？」

美紀には痛い指摘である。しかし、実際の結婚はともかく、投資に関してはハサウェイから伝授された「切り替えし」を用意している。

「私のことは放っておいて欲しいんだけど」

と美紀は、ここで余裕の笑顔を見せた。

「投資に関してバフェットはこんな風に言っているの。『**投資とは、見逃し三振がない野球である**』と」

「野球のことはよくわからないけれど、結局どういうこと？」

「野球って、打者がバッターボックスに立って3回ストライクを取られたらアウトになって退場でしょう」

「それくらい知ってる」

「別にバットを空振りしなくても、ストライクコースに入ってきたボールをただ眺めて見送ったらワンストライク。それが3回であっという間にアウトになってしまう。だから、絶好球ではなくて、ボール気味でもバットを振らないといけなくて、空振りしたりフライに打ち取られたりする」

「野球って、そういうものでしょ!」

「もうちょっと我慢して聞いて。投資の場合はスリーストライクというルールがなくて、何回見逃しをしてもアウトにならないから、これは絶対ホームランボールだという絶好球が来るまで、バットを振らずにただひたすら眺めているだけでいいの」

「美紀は、白馬に乗ったホームランボールを待っているの?」

「またそうやって茶化す!」

「美紀の言うことはわからないでもないけれど、結局バットを振らなければ儲からないのでしょう?」

「でも、バットを振らなければ、つまり投資を始めなければ、1円も損することはないでしょ? バフェットは、『**100%の確信を持つまでは投資を始めるな**』と言ってるの。それだけ慎重にふるまっても、予想外のことが起こるのが投資だから」

「ふーん、なんだかそのバフェットの言ってることって、全体的に地味ね」

「そうかもしれないわ。でも、世界一の投資家がそう言っているんだから、投資って意外に地味なものかもしれないわね」

驚きのホームパーティー

2人がアニヴェルセル表参道を出たときには、すでに街の灯りがそこかしこで灯っていた。ハサウェイの自宅がある表参道スタービルディングまでは数分の距離だ。10人ほどが入るエレベーターで9階に向かう。エレベーターを降りると「メリンダ＆マークハサウェイ・コーポレーション」と大きく書かれた受付がすぐに目に入る。シルバーと黒を基調としたシャープなデザインである。受付には誰もいなかったので、カウンターの上の呼び鈴を押す。30秒ほど待つと、受付の背後の小さな扉が開いてハサウェイが登場した。深緑色の厚手のセーターにジーンズというカジュアルないでたちだ。

「美紀さん、みよさん、いらっしゃい！　パーティーはもう始まってますよ」

ハサウェイはそう言うと、2人を手招きして受付の中に入れ、扉の背後にある螺旋階段で10階にあるパーティールームに案内した。螺旋階段の先にある扉をハサウェイが開けると、2人は戸惑った表情で顔を見合わせた。そして、みよは思わずハサウェイに向ってこう言った。

「工事中ですか？」

フロアー全面に巨大な空間が広がっていたが、コンクリートが剥き出しで天井の配管もそのままだ。そして、床の上にはてんでバラバラに10脚ほどの折りたたみ椅子。壁にはいくつかのダーツボード。そしてフロアーの端には、ハリウッド映画の富豪の家のシーンに出てきそうな巨大なキッチンが備えられていた。美紀とみよは、フランス王宮風やコンラッド風のモダンで高級感あふれるパーティールームを期待していただけに、落胆は隠せなかった。

「まあ、そうだとも言えるし、違うとも言えるかな。この部屋をどんな内装にするのかちょっと迷って、この状態でパーティーを開いてみんなの意見を聞いたら、このままがいいというので、ずっとそのままになっている。バスケットボールもできるしね」

よく見るとフロアーの隅にはバスケットゴールが置いてあり、長身の西洋人がダンクシュートを決めていた。

いったい、このパーティーの参加者はどんな人たちだろうか？　美紀たちと同じかそれよりも若い人々ばかりだ。着飾ったハサウェイと同世代の紳士淑女たちが集うパーティーという、事前のイメージは完全に打ち砕かれた。流れている音楽もヒップホップを中心とした今風のものである。欧米のものだけではなく、クレバやリップスライムなどの曲も流れる。

実は美紀はクレバにはまっていた時期があって、コンサートはほとんど欠かさず行っていた。一種の追っかけと言っても良かった。今でもクレバのような人ならすべてを投げ打って駆け落ちをしてもいいと本気で思っている。それを知っているみよは、クレバの曲が流れると美紀の方を見てにやりと笑った。

ガラス張りのペントハウス

「まあ、そのうち気が向いたらここの内装に手を入れるかもしれないが……。この部屋はお気に召さなかったかな？」

「いえいえ、そんなことは……」

初対面の人物にかなり失礼なことを言ってしまったと思ったみよは、真っ赤になって打ち消した。

「あなた方の気持ちはよくわかるよ。私も元気な彼らについていくのはちょっと大変だから、上でゆっくり話そう」

そう言ったハサウェイは、美紀たちが立っている背後にまわり、壁を押した。壁だと思っていたのは一種の隠し扉だった。その奥には、また螺旋階段が隠れていた。それを登ると屋上は全面ガラス張りのペントハウスになっていた。

「夏は直射日光がきつくて、クーラーをフル回転させないといけないが、今の時期はまさに温室効果でポカポカして気持ちいいよ。もっとも夜は少々冷え込むがね」

と言いながら、暖炉に火をくべる。白熱灯で照らされた広い室内は、いわゆる英国調の高級家具で統一されている。これこそ、美紀とみよがイメージしていた世界だ。ハサウェイに促された2人は暖炉そばのソファーに腰を下ろした。

暖炉に薪をくべながら火力の調整をしているハサウェイの背中に向って美紀が声をかける。

「ハサウェイさん、先日は素敵な食事と有益なお話をありがとうございました」

肩越しに振り返ったハサウェイは、

「どういたしまして。少しは何かの役に立ったかな？」

「ええ、もちろん。今もみよとハサウェイさんから教わった話の復習をしていたところなんです」

「復習？」

「カップヌードルや振り子の話はもちろんですけれども、『結婚と投資』の話なども……」

「特に、結婚の部分を中心に！」

みよがいたずらっぽく笑いながら横から口を挟む。

ソファーに腰を下ろしたハサウェイは、

「やはり若いお嬢さんの興味は恋と結婚にあるんだね」

自分たちが「若いお嬢さん」と言われたことには少々戸惑いを覚えた。ハサウェイよりは確かにかなり若いから、お世辞とかではないのだろうが。

「それでは、新しい〝結婚〟の話をすることにしようか？」

「うれしいわ！」

思わず2人はハモった。

どちらと結婚する？

「ただし、この話をしたからといって、私が鼻持ちならないエリート主義だと思わないでくれ。バフェット自身が色々なところで述べていることなんだ」

2人は、ハサウェイの言おうとしている意図がまったくわからなかったが、とりあえずうなずいて話に耳を傾けた。

「この部屋に2人の好青年が立っているとする。背格好はほとんど同じで、顔も同じくらいハンサム。まあ、クローン人間が2人いると考えてもいいかな？」

美紀はもちろんクレバ、みよは佐藤浩市を心に思い描いていた。

「そして、性格もまったく同じ。どちらも思いやりがあり、責任感があり誠実だ」

「理想的だわ！」

2人はまたハモってしまった。ただし、それぞれが思い描いているのはまったく別の男性である。

「さて、2人には1つだけ違いがある。それは仕事と収入だ。A君は手に職を持って、日雇いで毎日5万円を稼ぐ。月に20日働くとして月収100万円、年収では1200万円。

それに対して、B君はまだ学生でほとんど収入がない。それどころか、毎年200万円の学費を奨学金で賄っているから将来返済しなければならない借金を背負っていることになる。アルバイト収入はあるが家賃と食費ですべて消えるから、デート代はあなたが出さなければならない。ただし、彼が学んでいるのは超一流大学のMBAコースで、卒業後は、世界的大企業の幹部候補生としての採用が約束されている」

「男性はお金だけじゃないわ……」

そうつぶやいたのは美紀である。建前ではなく、結構本音である。

「美紀、何言ってるの？　他の条件はすべて同じなんだから。ハサウェイさんはそんなこと聞いているんじゃないでしょ！　絶対B君だわ。A君は今は羽振りがいいけれど、将来どうなるかわからないでしょ？　日雇いの仕事は不安定だし、年を取ってから今より収入が増える可能性より減る可能性の方が高いわ。それに対してB君は、今は大変だけれど、ちょっとの間支えてあげれば、将来がすごいでしょ。大企業の幹部候補生としての将来が約束されているし、うまくいけば大企業の社長夫人だわ！　でもうちの旦那はA君に近い……。私の『人生最大の投資』は失敗だったかな？」

結構大胆なことをあっさり言ってのけるみよに美紀はこう反論した。

「B君がみよのサポートのおかげで大企業の幹部になったとして、その途端にポイと捨てられるんじゃないの？」

「確かによく聞く話ね。でも、2人の性格は同じという前提でしょ。A君もB君も裏切られる確率は一緒だわ」

「そっか……」

2人の少々白熱した話を黙って聞いていたハサウェイが、一瞬の沈黙の隙に口を開いた。

「2人を少々興奮させてしまったようだね。私は単純に男性の今と将来とどちらに投資するのかを問いかけたかっただけなんだが……」

ハサウェイの存在をほとんど忘れて、話に熱中していた2人は思わず「ごめんなさい」と言って赤面した。

学校という投資

ハサウェイはまだ顔を赤らめている2人に話しかけた。

「別に『理想の男性』のケースだけというわけではなく、**『現在の小さな利益を犠牲にして、将来の大きな利益を得よう』**とすることは、多くの人が日常的に行っているんだ。確か2人とも短大を卒業しているんだよね？　短大を卒業するまでには多額の学費と生活費がかかっているのに対して、収入と言えばせいぜいアルバイト代くらいだったと思う。義務教育である中学を卒業して就職して稼いでいた方がよっぽど得だったと思ったことはないかな？」

理屈ではそう考えることもできるのだろうが、美紀はそんなことを露《つゆ》ほどにも考えたことはなかった。みよも同じはずだ。

「まったく考えたことはありません」

「それが普通だと思う。必ずしも直接的な金銭的利益のためだけではないが、大部分の人は『学校に行って勉強すれば』あるいは『学校を卒業すれば』、今直接的な利益がなくても将来大きなメリットがあると思うから、多大な費用と時間をかけて学校に通う。そうじゃないかね？」

「はい。それに今私が英会話スクールや簿記の学校に通っているのも『将来への投資』ということですね」

「理解が早いね。そのように考えることができる人々も、なぜか投資の話になると180度反対の考えをしてしまうんだ。とにかく早く現実の利益を得ようとして、小銭程度で我慢している。じっくり腰を据えて将来へ投資すれば多額の利益を得ることができるのがわかり切っているのにも関わらず……」

日雇い投資家

「『あわてる乞食はもらいが少ない』ということですか？」

みよのその言葉にハサウェイは吹き出した。

「日本にはそんな素晴らしい言葉があったね！　ずばりだ！　バフェットは、目の前の小銭を一生懸命稼ごうとしている投資家のことを〝**シケモク投資家**〟と呼んでいる」

「シケモクってなんですか？」

「2人のように若い世代には馴染みがない言葉だね。私が子どもの頃のイギリスや戦後の日本では、たばこ一箱すら買えない貧しい人々が結構いたんだ。そこで、彼らは灰皿に残っていたり、道端に落ちている吸殻を集めた。吸殻と言えども、火をつければ最後の一服くらいはできるからね。このような吸い殻のことをシケモクと言うんだ。シケモクでも頑張って大量に集めて、次々と火をつければ、何とかたばこ1本分くらいにはなる。シケモク投資家は、このように他人の吸い殻、つまり長期投資家が吸い終わった（十分稼ぎ終わった）投資対象を拾い集めて、何とかたばこ1本分にしようと努力しているというわけだ」

「なんだか、みみっちい話ね」

みよは顔をしかめる。

「マスコミなどでは、デイ・トレーダーなどと名づけて、彼らをもてはやしているが、バフェットから見れば〝シケモク投資家〟だし、私に言わせれば〝日雇い投資家〟だな」

「日雇い投資家？」

美紀が不思議そうに質問する。

「毎日トラックに乗った手配師が、その日工事現場に必要な人数だけをその場で雇う。うまく仕事にありつければ、8時間後には1日分の給料を現金でもらえる。ただし、雨が降ったりして仕事がなければ1円ももらえない。これが『日雇い』（投資家）だ。一方、大企業では毎日お金が入ってくるわけではないが、毎月一定の日（たとえば25日。年俸の場合は年度末）に定期的にお金が入ってくる。どのような職業を選ぶのかは個人の自由だが、私だったら大企業で確実に月給がもらえる働き方を選ぶね」

もちろん、美紀もハサウェイと同意見だから五菱銀行で働いているわけである。

お金の主人とお金の奴隷

「そういえば、飲み物を出していなかったね。これは失礼」

確かに、マホガニー材のテーブルの上には、灰皿以外何も載っていなかった。しかし、美紀もみよも話に夢中になってそんなことはすっかり忘れていた。

「64年物のマッカランがあるんだが、試してみるかい？　シングルモルトだがね」

ハサウェイの手元には、ワインのデカンタ風のボトルに入ったウィスキーがあった。しかし、「マッカラン」という名前に聞き覚えがなかった美紀の目に飛び込んできたのは、「響」の21年物だった。最近では日本のウィスキー醸造技術も発展してきて、本場のイギリスのコンペティションで「響」の21年物が最高賞を受賞している。たしか、数万円ほどする高級ウィスキーのはずなので少しためらっていると、みよが、

「そのお隣の『響』21年物でもよろしいかしら？」

と遠慮せずに言った。そこで美紀も同じものを頼んだ。しかし、この選択を後で少々後悔することになる。特にみよは地団太を踏んで悔しがっていた。後でウィスキーに詳しい人間に聞いたら、「マッカラン」の64年物は、オークションで数千万円の値段がつく超高級品だったのだ。

ハサウェイは、「響」が注がれたウィスキーグラスを2人の手元に置く。そのグラスを見て、2人は少し戸惑っている。

「あっ、そうそう。ごめん、ごめん。日本ではウィスキーを水で薄めるんだったよね」

ミニ冷蔵庫から氷とミネラルウォーターを取り出しながら、彼は「こんな素晴らしいウィスキーを水で薄めるなんて信じられない……」とぶつぶつ独り言を言っていた。

美紀とみよがたっぷりの氷と水で水割りをつくると、ストレートの「響」が入ったグラスと合わせて乾杯。

「今日は、女性2人と話しているせいか、〝結婚〟の話題が盛り上がっているが、ついでに〝恋愛〟の話もしてみるかい？」

ハサウェイのことだから、単純な恋バナをしようというわけではあるまい。

「もしかして、恋愛と投資の関係ということですか？」

「意外に思うかもしれないが、投資の心理と恋愛の心理はとてもよく似ているんだ。バフェットは、もっぱら〝結婚と投資〟の話をするけれども、私は〝恋愛と投資〟の話の方が興味があるよ」

もちろん、ハサウェイにとって、目の前の2人は恋愛の対象外だ。何のテレもなく話を続ける。

「『恋愛は惚れたほうが負け』という言葉を聞いたことがあるかい？」

2人とも、思い当たる過去の経験があった。みよはすました顔をしていたが、美紀は思わず正直にうなずいた。

「投資の場合も『**惚れたほうが負け**』なんだ」

みよは思わず疑問を口にした。

「惚れるって、投資の場合、何に惚れるんですか？」

ハサウェイは、にっこり笑って答えた。

「もちろん、〝お金〟だよ」

美紀は〝お金〟という言葉にちょっとだけドキッとした。みよの表情もかすかに動いた。確かに〝お金〟という言葉には、人間の心を奥底から動かす力がある。恋愛と似ているというのも一理あるかもしれないと美紀は思った。

「〝お金〟って人気があるだろ？　実際、みんなが仲良くなろうと思って近づいてくる。ところが、お金の方はいつもモテモテだから、近寄ってくる人間に結構冷たい……」

美紀もみよも、自分の恋愛経験に照らし合わせて「痛い」気持ちになった。そして、過去のお金とのかかわりを振り返って、ハサウェイの言うことはもっともだと思った。

「そのつれない〝お金〟に夢中になってどうしようもなくなる投資家というのが結構多いんだ。

朝昼晩、それどころか、毎時・毎分株価を見ないと気がすまないような人々のことだよ。まあ、一日に何十回もメールや電話をしたり、相手の自宅のごみ箱をあさったりするストーカーと同じだね。〝お金〟の一挙一動が気になって気が気ではない。エスカレートすると〝お金〟（男性または女性）とつきあっているわけでもないのに、他の投資家（異性）と話をしたと言って脅迫メールを送ったりする」

みよがプッと吹き出した。

「そういう人いるわ！」

みよが異性へのストーカーを指したのか、〝お金〟のストーカーを指したのかはわからなかったが、どちらも身近にいそうだ。

ハサウェイは、早くも「響」のお代わりを注ぐためにキャビネットに向って歩きながら、話を続ける。

「しつこく迫られると、少しは好意を持っていた相手でも、生理的嫌悪感を感じるようになるだろう？　〝お金〟も同じだ。〝お金〟にしつこく迫る人間は決して〝お金〟に好かれないし、投資でも成功できない」

その話を聞いて美紀は、財布を盗んだと思ったハサウェイをボコボコにしたことを思い出した。あの行動は、「お金への執着＝ストーキング」と言えるはずだが、そんな人間にハサウェイはなぜバフェット流投資を教えてくれるのだろうか？　どうしても知りたいと思ったが、どんな返事が返ってくるのかを考えると、恐ろしすぎて、結局口に出せなかった。

「すると、〝お金〟とはどのようにつきあったら良いのでしょうか？」

みよが、ハサウェイをじっと見つめながら問いかける。

「〝お金〟とは、近すぎず遠すぎず適度な距離をとりながら、じっと待つんだ。すると、モテモテのお金の人気が陰るときもある。そのときは〝お金〟の方からデートに誘ってくれる。〝お金〟が寂しいと思ったときにすぐそばにいることが投資成功の秘訣だよ」

「？？？」

美紀もみよもハサウェイの言葉の真の意味は測りかねたが、何か感情の機微を理解するような微妙なことが、投資の成功に必要だということはわかった。

「2人とも半信半疑だね……。バフェットも私も、〝お金〟がデートに誘ってくれるのをひたすら待っているだけなんだ。別に、私やバフェットでなくても、大概の人に〝お金〟は声をかけてくれる。ただ、ほとんどの人は、お金を追いかけることに夢中になって、そのささやきが聞こえないだけなんだ」

美紀は、自分もバフェットやハサウェイのように〝お金〟のささやきが聞こえるようになりたいものだと心底思った。

10人の女性を一度に妊娠させても1カ月で子供が生まれるわけではない

2杯目のグラスを空にしたあたりで、ハサウェイの頬の赤みがかなり強くなってきた。南アフリカの黒人解放運動の指導者ネルソン・マンデラは「白人・黒人・黄色人種」という呼び方は間違いで、「ピンク人・ブラウン人・ベージュ人」と呼ぶのが正しいと主張したが、実際の肌の色を表現するのならマンデラの言うとおりだ。ハサウェイの顔はまさに「ピンク人」と呼ぶのにふさわしい状態だ。少し酔っぱらったせいもあるのだろうか、こんな話を始めた。

「これもバフェットがよく使うたとえだが、結婚や恋愛の話が続いたからついでに紹介することにしよう。『**10人の女性を一度に妊娠させても1カ月で子供が生まれるわけではない**』だ」

美紀とみよは思わず顔を見合わせた。ちょっとした下ネタジョークとしてリアクションすべきなのか、それとも真面目な話として神妙な顔をすべきなのか判断しかねたからだ。美紀は、男前でスタイルがよく、しかも超大金持ちのハサウェイなら、若かりし頃本当に10人の女性を一度に妊娠させたことがあると言われても信じるだろうと思った。

結局、神妙な面持ちで座っている2人にハサウェイは、

「ここは笑うところだよ」

と軽口をたたいた。

少し和やかになったところで、ハサウェイは言葉を続ける。

「もちろん、1人の女性が妊娠してから出産するまでの期間は10カ月前後と決まっていて、人間がそれを大幅に短縮することは今のところできない。バイオテクノロジーが今後飛躍的に発達すれば別かもしれないが、人間の出産をコントロールするSF的世界もちょっと恐ろしい気がする。

とにかく今のところ、何人の女性を妊娠させても、1人ひとりの女性が子どもを産むまでの期間を短くすることはどうしてもできない。投資もまったく同じで、いくらあれこれ画策しても、**『絶対に時間を短縮できないことがある。そのようなことはただひたすら忍耐強く待つしかない』**というのがバフェットの主張するところなんだ」

「ただ待つだけなんですか？」

みよが、ちょっと不満げに質問した。

「そう、忍耐強く待つんだ。バフェットは**『投資の利益は忍耐に対する報酬だ』**とも言っている」

それを聞いた美紀は「忍耐力なら私にもあるわ」と思った。

本章のポイント

■市場が混乱して多くの投資家が右往左往しているときこそ、大胆に行動すべきである。反対に、市場が熱狂しているときこそ、臆病に振る舞わなくてはならない。

■投資は結婚にたとえることができる。相手（投資商品）を選ぶまでは両目を見開いてしっかり見定めるが、結婚した（投資した）後は片目をつぶって相手の細かな欠点を見ないようにする。つまり、すべては投資する前の準備にかかっている。投資をしてからあれこれ考えても後の祭りである。バフェットは「一度投資を始めてしまったら、投資家はほとんど何もすることがない」と言っている。

■投資とは見逃し三振がない野球にたとえることができる。つまり、自分が絶好球と思う球が来るまでいつまでも待つことができる。投資の利益は忍耐に対する報酬である。

■多くの人々は日常的には、現在の小さな利益を犠牲にして、将来の大きな利益を得ようとしている。しかし、投資においては正反対の考えをしてしまい、往々にして現実の利益を早く得ようとして、小銭程度の利益で我慢してしまう。

第3章　競馬は投資？　ＦＸはギャンブル？

ダービールーム

京王線の府中競馬正門前駅からゆったりとした幅の専用歩道橋にて2分ほど歩くと東京競馬場の正門にたどり着く。もちろん、美紀は競馬場に来るのは初めてである。ハサウェイの誘いがなかったら、一生競馬場の門をくぐることはなかったであろう。

あたりをきょろきょろしながら、自動券売機で入場券を買ってゲートの中に入る。中では制服姿の女性が数名立っていて、にこやかにあいさつをしてくれる。美紀が思い描いていた「耳に挟んだ赤鉛筆なめなめ、手にした競馬新聞に一生懸命印をつけているおじさん」がたむろしているというイメージとはちょっと違う雰囲気である。

笑顔で立っている女性に美紀は、

「あのぉ、VIPルームってどこにあるんですか？」

とおずおずと尋ねた。

「はい、かしこまりました」

と一礼した制服姿の女性は、白い手袋をはめた右手の手のひらを上にしながら、

「こちらをまっすぐ歩かれて、突き当たりを左に曲がります。すると、東来賓受付の扉がございます」

と教えてくれた。ＶＩＰルームは、正式には「来賓用特別室（ダービールーム）」と呼ばれる。

たどり着いた場所には、美紀の背丈よりはるかに高い、ちょっと威圧感のある両開きの自動ドアがそびえていた。扉の前に仁王のように立っている濃紺のユニフォームの警備員を一瞥しながら恐る恐るその中に足を踏み入れると、右手の受付には、２人の容姿端麗な女性が座っていた。そのうちの１人が立ちあがって、

「いらっしゃいませ」

と声をかける。

「ハサウェイさん、えーとマーク・ハサウェイさんからご招待いただいた瀧本美紀です……」

ハサウェイは、受付に連絡をしておくから招待状はいらないと言っていたが、本当に大丈夫だろうか。美紀がちょっと心配していると、受付の女性が、

「はい、お伺いしております。こちらをおつけください」

と、許可証を手渡してくれた。許可証は白地紙で、明るいグリーンの文字でダービールームA13号室と書いてある。その許可証を首から下げて前へ進むと、エレベーターの前にも警備員が立っていた。今度のユニフォームは薄いグレーなので、濃紺の制服姿の警備員よりは威圧感が少ない。この警備員も美紀に向って笑いかけるが、眼光鋭く上から下へ美紀の服をなめるよ

うに見る。この貴賓室のドレスコードは、男性はネクタイとジャケット着用、女性はそれに準じる。そう言われても何を着ていってよいかよくわからなかったので、一番上等のスーツを着てきた。首には、滅多に使うことのないエルメスの赤を基調としたスカーフを巻いている。

美紀を一瞥した警備員は、奥のエレベーターに案内してくれた。この3階フロアーから8階のダービールームまで直通だ。8階で一歩踏み出すと、高級シティホテルのラウンジに降り立ったような錯覚に陥った。薄暗い白熱照明で照らされた廊下を少し歩くと、A13号室が左手にあった。部屋のドアは空いていたので中を覗き込むと、窓の外を眺めながらウィスキーグラスを片手にしたハサウェイが佇《たたず》んでいた。

「やあ、いらっしゃい」

入口の前で立っている美紀に気がついたハサウェイは、明るい声でそう言うと、美紀を部屋の中へ招き入れた。広々とした部屋の中には、4人がけのマージャン卓を高級にしたようなテーブルとソファータイプの椅子が6～7組はあるだろうか？　単純に計算すれば30人くらいは入ることができる計算だ。競馬の中継番組やこの競馬場のレースの模様を見ることができるように大型テレビが何台か壁に据えつけられ、美紀が入ったときには競馬場のトラックを映し出していた。

競馬と投資

広い部屋の真ん中のテーブルに腰を下ろしたハサウェイは、胸のポケットから皮に包まれたシルバーのスキットルを取り出すと、シングルモルトのウィスキーを自分のグラスに注いだ。

「内緒だよ……今日はたまたまこのグレンフィディックがどうしても飲みたい気分でね。あなたも飲むかい？」

とスキットルを差し出したが、美紀は軽く首を振った。たぶん高級なウィスキーなのだろうが、朝からアルコールを飲む気にはならない。軽く首を振ると、ハサウェイは部屋の隅を向き、

「あの中に何か欲しいものはあるかな？」

と指差した。そのミニテーブルの上には、アルコール類の他にオレンジジュースとグレープフルーツジュースのピッチャーが置いてあった。美紀の視線の先を確かめたハサウェイは、

「これだね」

と言いながらミニテーブルに歩み寄り、備えつけのトングで氷をグラスに入れ、ピッチャーのオレンジジュースをたっぷり注いだ。

ミニテーブルから席に戻りながら、

「なぜ競馬場なんかに呼び出したか、不思議に思っているだろう？　私も競馬にはほとんど興

味がないからね。もちろんあなたも……」

「ええ、まあ……」

と答えながら、美紀は「こんな素敵なＶＩＰルームなら競馬観戦も悪くないかも……」と思った。

「実は、バフェットが少年時代に競馬に熱中していたことは結構有名なんだ」

「バフェット？　少年時代？　競馬好き？」

美紀はまったく予想外のことを言われて驚いた。「投資の神様」と言われるバフェットと競馬というのはまったくイメージが結びつかない。そういえば、「投資」と「ギャンブル」って何が違うのだろう？　そんな風に考え込んでいる美紀にはお構いなく、ハサウェイは、話を続ける。

「あまりにも熱中しすぎて、『厩務員特選馬』という予想紙をつくって自ら競馬場で販売したくらいだ。当時のバフェットにとっては、株式投資も競馬も同じく『自分の研究結果に基づく予想精度の高さを確かめるもの』だったというわけだな」

ハサウェイは、再び懐のスキットルを取り出してウィスキーグラスに注いだ。美紀は、10代のあどけないバフェット少年が、肩をいからした大人たちに囲まれて競馬の予想紙を販売している姿を想像した。正直言って、近づきたくない怪しいにおいがする。やはり、投資というのはギャンブルのように危なっかしい橋を渡らないと成功できないのかしら？　そのとき、ハサウェイが立ちあがった。

予想できることと予想できないこと

「せっかくだから、外の空気にあたりながらレースを見よう」

確かに、室内のテレビで映し出されるレースは少々臨場感に欠けた。といっても、美紀には、馬がたくさん走っている以上のことはまったくわからなかったが。

ダービールームの入り口と反対側のトラック側は全面ガラス張りになっているが、部屋の中からレーストラックは見えない。ガラス戸を開けると、そこにはレーストラックに向って急勾配に傾斜した、A13号室の定員分ほどの専用観覧席がある。隣の観覧席では、A12号室の観客であるマイ・フェア・レディ仕様の派手で大きな帽子をかぶった女性たちの集団が座って歓声を上げていた。

「あれはたぶん、ロータリークラブのマダムたちだよ」

とハサウェイが耳のそばでささやいた。

この席からは、眼下、はるか下にレーストラックを見下ろせる。肉眼ではトラックを走る馬の様子はほとんどわからない。しかし、レーストラックの中心部分にそびえたつテニスコート3面分の大きさがあるターフビジョンの映像を見れば、かなりの臨場感を味わうことができる。ぬけるような青空のもと、はるか下を見下ろすのははっきり言って気持ちがいい！　ハサウェイは、相変わらずウィスキーグラスを片手に話しかけてくる。

「競馬、バフェット、投資って、なんだかつながりにくいと思っているかもしれないが、たとえば『投資とギャンブルの違い』について考えたことはあるかな？」

さっきちらっと考えたばかりだが、正直どのあたりが境界なのかよくわからない。

「たとえば、競馬はギャンブルで、株式を買うのは投資でしょうか？」

と美紀は自信なさげに答えた。

「一般的にはそう思われているようだね。しかし、そのような考えは間違いだ。ズバリ、『ギャンブルと投資の違い』を定義すれば、『**ギャンブルは予想できないことにお金をかけること、投資は予想できることにお金をかけること**』と言える」

「投資は予想できるんですか？」

「『予想できる』と言うと正確ではないな。『**努力によって予測精度を高めることができる**』と言った方が正しい」

「予測精度？」

「ちょっとわかりにくい話かもしれないな。それでは、詳しく説明する前に勝ち馬投票券、つまり馬券を私のために買ってきてくれないかな」

「私、競馬場に来たのは初めてですし、馬券って買ったことないものですから……」

美紀がもじもじしながらそう返事すると、

「大丈夫だよ、そのドアを出て左側に行くと、すぐ右手にこのVIPフロアー専用の勝ち馬投票券販売所があるから、買い方はそこのお姉さんがやさしく教えてくれるよ。それから、どの馬を選ぶかはダービールームのラックの中にある競馬新聞が参考になる。そして軍資金はこれだ」

と言いながら、財布から１万円札を５枚取り出して美紀に手渡した。

「なくなっても構わないから、大胆にやってくれたまえ」

そう言われても……と思いながら、美紀は急いでダービールームに戻って競馬新聞を広げた。次は第６レースだ。新聞には、「アヤノボンバー」や「ハヤテファイブ」などといった変な名前が並んでいて、その横には二重丸やら三角やらがつけられている。そして、コメント欄にはそれぞれの馬のコンディションが書かれているが、読んでもさっぱりわからない。そのとき、「ミキセイコー」という名前が目に飛び込んできた。「ミキ」という名前が入っているのは何かの導きかもしれないと思った美紀は、ミキセイコーの単勝を５万円買った。オッズは５倍である。

そして、驚いたことにこのミキセイコーが1着になった。オッズは5倍だが、元手が5万だから、換金すれば25万円が戻ってくる。飛び上がって喜ぶ美紀にハサウェイが声をかけた。

「このお金で今晩は何かおいしいものを食べよう！　ところで、どうやってミキセイコーに決めたのかな？」

美紀は経緯を話した。

「どの馬がいいかなんて全然わからなかったものですから、私の名前のミキが入ったミキセイコーを選んだだけなんです」

改めてハサウェイに説明してみると、ずいぶん馬鹿げた理由だと思い、美紀は恥ずかしさで、耳が少し赤くなった。

宝くじには必ず当たりがある

「結果がすべてだという考えなら、どんな理由で選択した場合でも儲かれば構わないということになる」

「はい、確かに……」

「しかし、あなたのそのやり方で、次に勝つ確率はいくらだろうか？」

「たぶんほとんどないと思います」

「そうだ、その通り。勝率はほとんどゼロと言っていいだろう。それでは、そのやり方で１００回馬券を買ったとき、勝率はどうだろうか？」

「まったくわかりません……」

「わからないことにお金を賭けるのは、私から見れば極めて愚かなことだ。だけど、恐ろしいのは、そのような『愚かなやり方でも、〝偶然という女神〟が微笑んで勝ってしまう』ことだ」

「恐ろしいことですか？」

偶然でも勝てば得なのではないかと美紀は思って、やや詰問するような言い方になってしまった。ハサウェイはにっこり笑って、

「投資もギャンブルもコストがかかるから、勝つかどうかわからないようなことにお金をつぎ込んでいれば、財産が減るだけだ。ちなみに心理学では、ギャンブル中毒になる人は『負けてお金を損する刺激』にはまるという学説もある。確かにギャンブル中毒になる人は必ず負けているから（勝っていればギャンブルの達人と呼ばれるだろう）、ギャンブルとは負けて損をするスリルを味わうためのものかもしれない。実際、バフェットのようにほとんどいつも勝っているギャンブラーがいたら、彼の口癖のように『朝起きると、今日もまた素敵なことが起こる

のかとうんざりする人生を送れる』はずだが、そんなギャンブラーは見たことがない」

美紀は、この競馬場で負けて一文なしになり、電車に乗らず歩いて帰る人々の姿を思わず想像してしまった。

「おっと、ちょっと脱線してしまったが、ギャンブルとは『偶然に頼ることにお金をかけること』だから、長い間続けていれば『確率論で必ず敗者になること』と定義できる。宝くじも、必ず当たりがあって『当たった、当たった』と大騒ぎするが、次にいつ当たるかはまったくわからない。宝くじで当たった賞金でその後も宝くじを買い続けて、結局一文なしになる人のことはよく聞くよね。それでは、『投資』はどう定義できるかな？」

「えーと、反対だから、長い間続けていれば……勝者になることができるということでしょうか？」

「いい線だね！　ただ、長く続けるだけではなく、一生懸命勉強や研究を続けなければならない。バフェットがものすごい勉強家なのは有名な話だ。だから、『**投資とは、長期間勉強や研究を続けていれば勝率が上昇すること**』と定義できるだろう。それでは先ほどの質問『競馬はギャンブルで、株式を買うのは投資か？』に対する答えはもう出ているよね？」

「えーと、えーと……」

コインの表が出る確率

「それではこのコインを投げるから、表が出るか裏が出るか当ててくれるかな？」

とハサウェイが言った。美紀が「裏」と答えると、ハサウェイは懐の財布から１００円玉をとり出して、空中に向かって弾き飛ばした。彼の右手を取り払った後に現れたのは「表」であった。

「今回はちょっと残念だったが、このコイン投げをずっと続ければ、表の出る回数と裏が出る回数はそれぞれ2分の１に近づいていくことはわかるよね」

「はい、表が出る確率も裏が出る確率も50％ずつです」

「実際のギャンブルでは、目に見えない場合も含めて、必ず手数料をとられる。その手数料分を差し引いて考えなければならないから、ギャンブラーの勝率は必ず50％以下、つまり表に賭けても裏に賭けても必ず負ける勝負だということだ」

美紀とハサウエィが座る観覧席の前には視線をさえぎるものはなく、開放感がある。風が吹くとまだ少々肌寒いが、弁当でも持ってきてピクニックしたいようなところだと思いながら、彼女はうなずく。

「サイコロでも同じですね。１から6までの目が出る確率はそれぞれ6分の1ずつ。念力をかけてもこの確率は変わらないから、いくら勉強や研究をしても無駄ですね」

「過去の値動き、すなわち数字が出る確率を表にしたチャートなるものも、同じように確率論的に意味がない。バフェットも20歳でベンジャミン・グレアムの本に出会ってからは、チャート分析のような愚かなことはまったく行っていない。もっとも、チャート分析は人間心理を反映した部分があるのも事実だが、人間心理ほどうつろいやすいものはないから、結局ほとんど役に立たない。

たとえば、これから『あなたが誰を好きになって誰を嫌いになるか』なんて、簡単には予想できないことだろう？」

美紀は思わぬ方向に話を振られて少しどぎまぎしたが、ハサウェイはそれには構わず話を続けた。

「それでは、100回続けてサイコロの6の目が出た後、次に6が出る確率はどうだろう？」

「100回続いた後ですか……」

美紀の頭の中は真っ白になった。そんなこと言われてもさっぱりわからない。ハサウェイは、当惑した美紀の顔をニヤニヤ見つめながらこう言った。

「もちろん6分の1だよね？　あなた自身が『サイコロの目が出る確率は6分の1で変わらない』と言ったばかりだよ。1億回続けて6が出ても、1兆回続けて6が出ても次に6が出る確率は６分の１で変わらないんだよ」

「あっ、そうか。自分で答えを言っていたんですね」

「投資やギャンブルの世界では、このように錯覚してしまうことがたくさんある。だから、そのような『錯覚＝トリック』に騙されないようになるだけでも、投資で成功する確率は高まるというわけだ」

パドック

２人が背にしているダービールームのガラス戸が開いて、スーツ姿の中年の男性が現れた。髪は七三に分けられ、ホテルの支配人というような風体だ。

「ハサウェイ様、準備が整いました」

「ありがとう、鈴木さん。よろしくお願いします」

そう言ってハサウェイが観覧席から立ち上がったので、美紀もつられて立ち上がった。

「どうぞこちらへ」

鈴木さんと呼ばれた男は、手招きしながらダービールームの中を抜け、廊下の右奥にある勝ち馬投票券売り場裏手のエレベーターまで２人を案内した。

そのエレベーターは、ＶＩＰフロアーのメインの廊下からはかなり奥まったところにあり、まるで隠されているかのようである。10人以上は乗れそうな、大型ではあるが簡素な内装のエレベーターで地下まで直行する。さらに地下の迷路をぐるぐる回る。美紀は、１人では絶対戻れないと思ったくらいだ。

突然、開けた空間に到達し、そこには出番を待っているのであろうか、たくさんの馬がつながれていた。彼らのつぶらな瞳を見ながら、さらに進むと、突然まぶしい太陽光が差し込む。その先がパドックである。

出走前の馬たちが、小さなトラックを廻りながら、スタンドの観衆たちに自分たちをアピールする。中には興奮のあまり、いななきながら前足を高く上げる馬もいる。

一般の観客はパドックを囲んだ上方の観覧席から馬の品定めを行うが、美紀とハサウェイや他のＶＩＰルームのメンバーは、パドックの馬や騎手に触れることができそうなくらい近い距離から品定めをすることができる。しかし、美紀にとって、それはまさに〝猫に小判〟である。

「どうだろう？　どの馬が勝ちそうか、少しは見えてきたかな？」

「ゼッケン５番の馬が元気よさそうに見えるのですが……。でも、それだけじゃわかりませんよね」

「確かにパドックで元気がいいということと、レースで活躍するかどうかはそれほど関係ない。

第一、そんなわかりやすい理由で勝ち馬がわかったらもっと〝競馬長者〟がゴロゴロいそうだと思わないかい？」

「そうですよね……」

「バフェットが少年時代に『厩務員特選馬』という競馬予想紙を発行していたことはすでに話したよね」

「はい」

「このエピソードには2つのポイントがある。

　1つ目は、バフェットが競馬に熱中したのは、20歳でグレアムの本に出会う前であって、以後はグレアムの教えに基づいた株式投資に集中している。つまり、バフェットが成功したのは競馬ではなく、株式を中心とした投資である。

　2つ目は、競馬は馬券を買った人たちのお金を主催者が集めて、手数料を引いた後の残金を投資家に分配するシステム＝マイナスサムゲームである。それに対して、株式投資はその企業の本拠地の国の経済、世界経済、個別企業の業績が成長軌道にあれば、全体のパイが増えていくシステム＝プラスサムゲームである」

「マイナスサムゲーム？　プラスサムゲーム？」

美紀は聞き慣れない言葉を連発されて、きょとんとした表情をした。

「それでは、ゼロサムゲームという言葉を聞いたことがあるかな？」

「ええ、言葉だけは一応……」

「そこから説明しよう」

マイナスサムゲームとプラスサムゲーム

ハサウェイは、そう言い終わらぬうちにパドックの端の地面にしゃがみ込み、土の上に大きな円を描いた。使っているのは、パーカー万年筆の蒔絵が施された逸品である。芸術的なペンのキャップが泥まみれになるのをハサウェイはまったく気にしていない。

しかし、美紀はそれもさることながら、周囲の人々が地面にお絵かきする変な外国人へ向ける視線が痛かった。その視線の中、彼の隣にしゃがみ込むのは勇気が必要だったが、やけくそ気味で歩みを進める。

「この円が、このパドックを囲む観覧席にいる人々すべてを表わすとしよう。途中から入ってくる人も、途中から出て行く人もいない固定された集団だという前提だ。そして、その人々の財布の中身すべてを合わせたものが、この円で現された『総額』だ。

この閉じた世界では、お金の総額は常に一定だから、『誰かが得をしたら、同じ金額だけ他の誰かが損をする』。逆に『誰かが損をすれば同じ金額だけ誰かが得をする』。つまり、『一つのパイを奪い合う』厳しい世界とも言える」

ハサウェイは、そう言いながら地面の上の円をなぞった。

「さて、この観覧席に集った人々だけで競馬を行うとしよう。そして、財布の中身全部をレースごとに賭けるとする。ちょっと非現実的な設定だが、話をわかりやすくするためだ。するとレースごとに主催者の手数料が約25％（※おおむね20～30％で、色々なケースがある）引かれるから（目に見えないが実際には引かれている）、残りはこれだけだ」

ハサウェイは、円の4分の1を切り取った残りを薪絵柄の万年筆の先で示した。

「そして、これを繰り返せば……」

と言いながら、切り取った部分の4分の1をさらに切り取る。5回もすると残りはかなり少なくなり、10回目にはほとんどないも同然になった。美紀は、後ろからの痛い視線も忘れてハサウェイの話に引き込まれていった。

「手数料って怖いんですね……」

「その通り！　バフェットが『**売買の回数は少なければ少ないほどいい**』と口を酸っぱくして言うのも、長期保有が有利という意味だけではなく、『たくさん売買して手数料を払えば払うほど投資家（ギャンブラー）は不利になるからなんだ。さて、競馬がギャンブルか？　投資

■図表２　スタンドの観客の資産が25%ずつ減る図

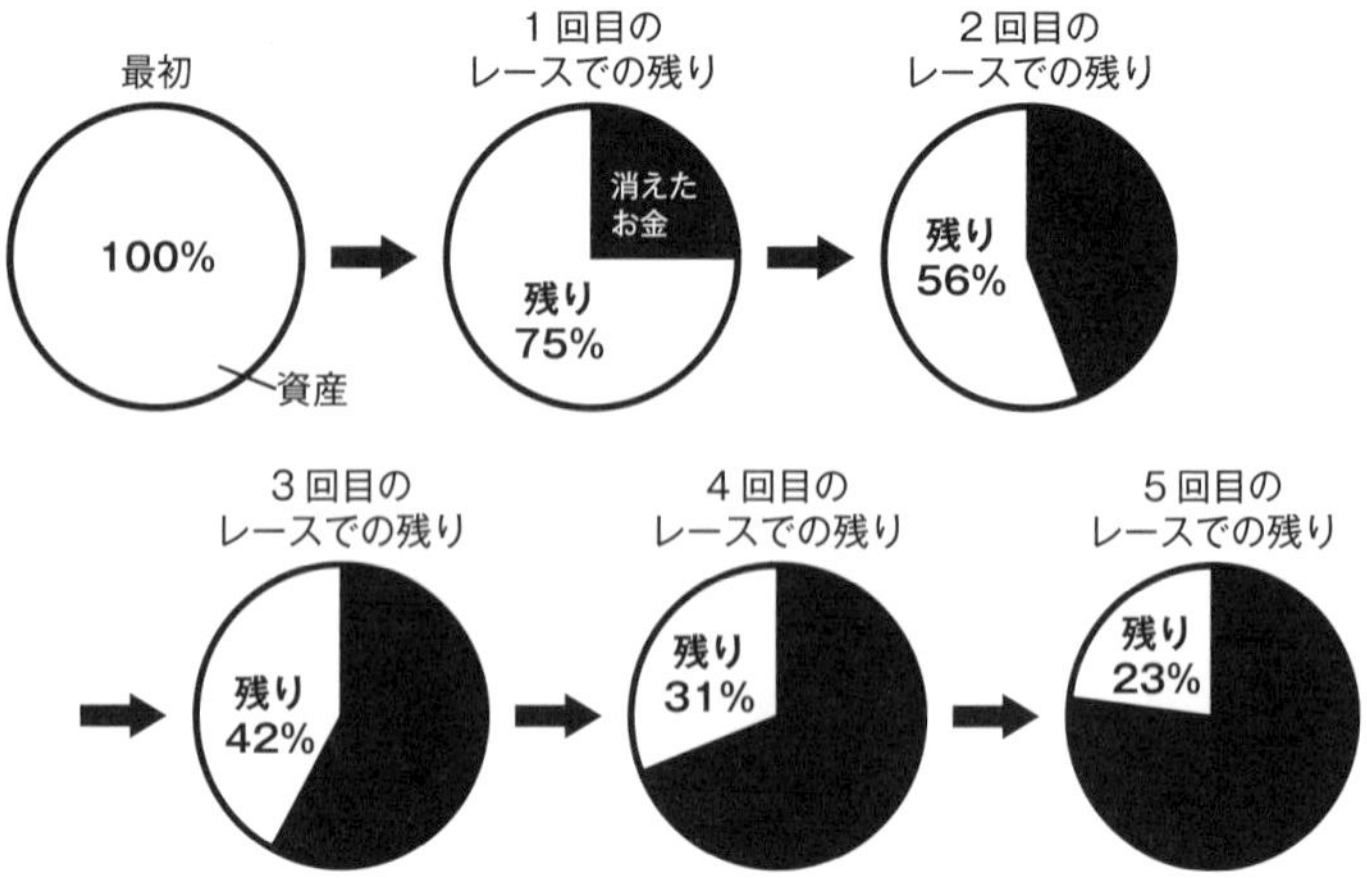

か？　についての答えは出たかな？」

美紀は話に夢中になっていてすっかりそのことを忘れていた。

「えーと、えーと……」

「それではまとめてみよう。

競馬の勝ち馬の予想精度を上げることはある程度できるだろう。バフェットが『厩務員特選馬』という予想紙を出したことからもわかるように、常日頃馬の様子を観察し、データ分析に余念がなければ可能なはずだ。だから『**競馬は投資**』と言うことができる。

ただし、競馬はマイナスサムゲームだから、投資効率は非常に悪い。いくら勝ち馬を高い精度で予想できたとしても、全体のパイが縮小する中での戦いで勝ち続けるのは簡単ではない。

したがって、『**競馬は投資だが、極めて非効率**

な投資である』と結論づけることができる。

だいたい、出走馬すべてのコンディション、さらには騎手の体調や馬場の状態を常に把握しておくなんて、並大抵の努力ではできないよ。バフェットが競馬よりも株式への投資の道を選んだのも当然だと言えるね」

「確かにそうですね。すっきりしました」

「それでは、ＦＸ・株式先物・パチンコはそれぞれ投資かな？　ギャンブルかな？」

またまた難問である。

レバレッジ（てこの原理）

「ＦＸと株式先物は投資、パチンコはギャンブルでしょうか？」

「いいや、正解はすべてギャンブルなんだよ」

「ええっ、ＦＸとか株式先物もギャンブルなんですか？」

「パチンコがギャンブルであるのはわかりやすいよね。パチンコも競馬と同じように目には見えないが『出玉率《でだま》』という形でパチンコホールが手数料を引いているからマイナスサムゲームだし、何より今のパチンコはコンピュータ制御で動いているから、まさに『確率＝ギャンブル』の世界だ。FXや株式先物は世間では投資と誤解されているから少し説明が必要だろう」

そう言いながらハサウェイは、しゃがみ込んだ姿勢がつらくなったのか、立ちあがって背筋を伸ばす。美紀もつられて立ち上がった。

すると、地下からパドックへ通じる道の方から10人ほどの一団がやってきた。集音マイク、レフ版、ビデオカメラなどをそれぞれの担当者が持っている。彼らの中心で光り輝いているのが女優の黒川ひとみである。ハサウェイとは5歳ほどしか違わないはずだが、若々しい容姿は美魔女の代表と言っても良いかもしれない。彼女がパドックへ歩み寄り、太陽光にさらされても、衰えを感じさせない。

「私も、彼女のようにお金に糸目をつけず、最先端の医療技術や美容術を駆使したら若さを保てるかしら?」と心の中で思っていると、同じく黒川ひとみに見とれていたハサウェイが我に返って話を続けた。

「FXというのは外国為替の証拠金取引だが、この取り引きは2つの要素に分けることができる」

「2つの要素ですか?」

「『外国為替取引』という部分と『証拠金取引』という部分の2つだ。まず、外国為替だが、これはどのような取り引きかな?」

「はい、ドルを買ったり売ったり、ポンドを買ったり売ったりする取引ですよね」

「そう、正確に言えば、ある通貨で他の通貨を売買する取引だ。そこで質問だが、株式取引とは結局会社（企業）の一部を売買する取引だということはすでに説明したが、外国為替は結局何の一部を売買する取り引きかな？」

「ドルやポンドは何の一部かということですよね……」

美紀は少し考えてからこう答えた。

「もしかして、アメリカという国やイギリスという国の一部を買うということですか？」

「ご名答！」

ハサウェイは満面に笑みを浮かべてそう答えた。

「会社を分析して企業の将来の予想の精度を上げることができるのと同じように、アメリカやイギリスなどの『国』を分析して、その国の将来の予想精度を上げることは可能だ。ただ、国の場合、一般企業よりもはるかにスケールが大きく、研究するといっても膨大な労力が必要だが。それでも外国の通貨を買うこと自体は株式を購入するのと同じように投資だと言える。問題は『証拠金取引』という部分にある。この言葉の意味はわかるかな？」

「あのお……よくわかりません」

「正直でいいね。そのようにわからないことを『わからない』と言う勇気はとても大事だ。バフェットは、『**自分の範囲を越えない**』ことが投資成功の重要な要素だと語っている。知りもしないことを知ったかぶりしたり、わからないことをそのままにしておくと大怪我をするのが投資の怖さだ。**自分がよくわかる範囲だけで投資を行う**のがバフェット流とも言える」

ハサウェイは美紀の目をまっすぐ見て話した後、こう続けた。

「証拠金取引というのは、一定の金額を預けると、その金額の何倍、何十倍もの金額の売買ができる取引のことだ。たとえば、ここに10万円ある。これを、実際には存在しない『馬券証拠金取引市場』で運用するとしよう」

そう言いながら、懐のエルメスの黒革の財布から1万円札を10枚取り出し、美紀に手渡した。

「そして、あなたが『馬券証拠金取引業者』だ」

と言って、片目でウィンクした。

「この証拠金取引でのレバレッジ（てこの原理）は10倍としよう。あなたに預けた10万円で私は100万円分の馬券を買うことができる。オッズが2倍の馬の100万円分の馬券を買ったところ、その馬が勝ち馬となり200万円が戻ってきたとしよう。実際にあなたに預けたのは10万円だから、差し引き190万円の儲けになる。つまり、一瞬にして投資した金額の19倍もの儲けが手に入るというわけだ」

美紀は10万円を握りしめたまま、「素晴らしいわ」とつぶやいた。

「確かにこの部分だけ考えれば『濡れ手に粟』の取引に見えるが、逆の場合を考えてみよう。同じようにレバレッジ10倍の証拠金取引で買ったオッズ２倍の馬券が、外れた場合だ。１００万円分の馬券を買ってすべてパーになるわけだから、私はすでにあなたに渡した10万円がなくなるのはもちろん、新たに90万円をあなたに払わなければならない」

そう言ってハサウェイは、再びエルメスの財布を取り出して、中の札を数えた。

「全部で15万８０００円ある。とりあえずこれを渡そう。１００万円の支払いのうち、最初に預けた10万円と今の15万８０００円を合わせて25万８０００円は何とかなった。残りの74万２０００円は、このキャッシュカードで引き出すまで待ってくれるかね？」

「ええ、というか……これはシミュレーションですよね？」

「もちろんそうだが、こうやって現金のやりとりをした方がリアリティがあるだろう？」

美紀はちょっとリアルすぎると思ったが、ハサウェイの話は続く。

「私のように銀行口座からすぐに74万２０００円を引き出すことができる人間は幸運な方だろう。それができなければ、カードローンなどを使わなければならないし、それもできなければ消費者金融の扉を叩かなければならない。それさえも最近は規制が厳しくなって難しくなってしまったようだが」

美紀は自分が消費者金融の店頭で立っている姿を想像して背筋が寒くなった。「投資で損したからと言って、五菱銀行へローンの申し込みもできないし、そんなことしたら、居づらくなって退職ということもあるかもしれないわ……」と考え込んでいる彼女には構わずハサウェイは話を続けた。

「もちろん、最初に話した『外国為替』部分では、研究や勉強によって予測精度を高めることができるから、このような危険な取り引きでも勝算があるように思えるかもしれない。しかし、FXをはじめとする証拠金取引では、現実問題としてこの『国の一部を買う』という、とても有利な投資法を生かすことができないんだ」

「えー、どうしてですか？」

川の流れと笹船の動き

「それを説明するためには、バフェット流の本質である『**トレンドを捕まえる**』という部分に踏み込まなければならないね」

「『ファッションの『トレンド』とか、ITビジネスの『トレンド』という風に使われる『トレンド』のことだが、このトレンドを生み出すのに必要なものは何かな？」

「人気とか、同調する人々とかそのようなものですか？」

「確かにそれらも要素の1つだろうが、このケースで大事なのは『時間』だと言える。たとえば、ファッションのトレンドやIT業界のトレンドが1時間や1日で生まれると思うかい？」

「いいえ」

「少なくとも数週間、普通は数カ月あるいは数年という単位が必要だよね？」

「はい」

「それは、投資において企業や国のトレンドを見極めるときにも同じなんだ。1時間や1日で、会社や国のトレンドが変わるわけではない。やはり数カ月、数年単位で会社の業績や国の成長のトレンドが生まれる。そのトレンドを把握することによって将来の予測精度が上がるから、バフェット流で成功できるわけだ。

逆に言えば、数時間や数日程度の短い時間ではトレンドが生まれないから、将来の予想精度を上げることができないサイコロやコイントス、それにルーレットのようなギャンブルと同じと言うことができる。このような手数料分だけ確実に負けるマイナスサムゲームの取引で、たとえば10倍のレバレッジをかければ損失が10倍に膨らむだけということになる」

「なんとなくわかってきました。長期間の動きはトレンドがあって予測精度を上げることが可能だけれども、短期の動きはサイコロの出目のように、いくら勉強や研究を重ねても予測精度を上げることができないのですね？」

「このことは、『複雑系理論』や素粒子などの微細かつ短期的な世界では物事の動きが確率でしか表現できないのに対して、宇宙などの広大かつ時間軸の長い世界では、将来の動きがかなり正確に予測できることと関係あるが、この部分は今日は飛ばしても構わないかな？」

「はい、もちろん」

と言いながら、美紀は「複雑系」とか「素粒子」とか難しそうなことは、永遠に飛ばしてほしいと思った。

「それではもっと身近な例で説明をつけ加えよう。来年の今日はたぶん初春の穏やかな気候だろう。30度を超えるような酷暑の日ではなく、逆に雪が降るような厳冬の日でもないことは、何も考えなくてもほぼ確実に予想できる。それでは、明日の天気は晴れかな、雨かな？」

美紀はあわててスマホで天気予報をチェックしようとしたが、ハサウェイはそれを遮って話し続ける。

「たぶん、天気予報を見ないと明日の天気はわからないだろう。天気予報もそれほどあてにならないが。

普通、近い将来のことの方が予想しやすいと思うが、実は逆なんだ。1時間、1日単位で見ると脈絡なく動いているように思える天気も、1年単位で見ると『四季』というはっきりしたトレンドがある。バフェットは、企業の業績の動きの中に『四季』のようなはっきりしたトレンドを見つけることができたからこそ、大成功できたんだ」

そこへ、先ほどパドックへ案内してくれた鈴木さんがおずおずと近づいてきた。

「あの、ハサウェイ様、そろそろ……」

「あっ、鈴木さん、ごめんなさい」

気がつくとパドックの中には騎手の姿も馬の姿もなく、他のＶＩＰフロアーのメンバーも人っ子一人いなかった。話に夢中になりすぎたようである。再び鈴木さんの先導でダービールームのＡ13号室に戻った。

ミニワゴンのピッチャーからオレンジジュースを新しいグラスに注いで、美紀が座るテーブルに戻ってきたハサウェイは、自分のウィスキーグラスにグレンフィディックを継ぎ足した。

「さて、お天気の次は笹船の話をしよう。水が高いところから低いところに流れるのは説明するまでもない。だから、山頂の水源地からの湧水が蛇行しながらもふもとまで下り大海へ注ぐことは、予想とさえ言えない確実な自然の摂理だ。だから、山頂から流した笹船がふもとの大海にまで流れ着くことはほぼ間違いない。つまり予測精度が高いと言えるだろう。

しかし、川の流れの細部を見ると、蛇行していたり、川底が浅かったり深かったり、途中で橋脚が流れを変えていたり、小舟やボートが走っていたり、釣り人が釣り糸を垂れていたりして、必ずしも上から下という単純なトレンドは生まれない。むしろ、川の短い区間では、色々な要素で川の流れが『乱高下』するわけだ」

「なるほど、短い期間のことの方が長い期間のことよりも予想しやすいという世間の常識を打ち破ったところにバフェットのすごさがあるのですね」

「その通りだ。実はバフェット流というのはシンプルなようで奥が深い。実際、このように世間の常識に反した教えがいくつもあるんだ」

ハサウェイはそこでマッカランを口に含んで一息つく。

「ところでバフェットは、このようなレバレッジ（証拠金）取引のことを、たくさんのナイフをくりつけた自動車のハンドルにたとえている」

美紀はたくさんの諸刃の短剣がハンドルにくくりつけられているベンツのオープンカーをイメージした。

「この自動車が止まっているときは、ナイフがない場所を握っていればいい。しかし、ひとたび車が走り出したらどうだろうか？　道路にへこみがあってハンドルをとられるかもしれないし、子供が飛び出してくるかもしれない。そのような危険なハンドルで腕を怪我せずに目的地までたどり着ける可能性は極めて低いだろう？」

美紀は、ハンドルを握った自分の腕が急ハンドルを切って、スパッと切り飛ばされるシーンを思い描いて寒気がした。

「市場も自動車と同じように〝走っている〟のが本来の姿だ。止まっているときにうまくいっているからといって、調子に乗っていると、市場が動き出したときに大惨事になる……」

ハサウェイは、アルコールでリラックスした表情から、少し硬い表情になっていた。もしかしたら、自分自身の苦い経験が脳裏を駆け巡っていたのかもしれない。

１万人のウマ市場

最終レースのひとつ前になった。ハサウェイと美紀はダービールームのガラス戸をあけて、観覧席に再び座る。

「美紀さん、見てごらん、この大観衆を」

ハサウェイの視線の先には、最終レースを前にして悲喜こもごもの多数の観衆たちが、座ったり立ったり、まさに黒山のようにざわついているのが見える。

「ところで、『１００人の村』という話は知っているかな？」

確か、丸善で買ったバフェットの本にそんなことが書いてあったような気がする。

「ええ、聞いたことだけはあります」

「それでは、今日は『20万人の村』で説明しよう。この東京競馬場の収容人数はおおよそ20万人なんだ」

「20万人ですか？　村というより市と言えるかもしれませんね」

「そうだね。１００人の村でも、20万人の市でも、要するに『閉じた世界』であれば基本は同じだ。この20万人の『東京競馬場市』からは外に出る人も、外部からやってくる人もいないし、出生や死さえないとする」

「ずいぶん不思議な市ですね」

「その不思議な市で、東京馬市場の取引が行われている。市場の動きを表わす標準は『東京馬平均』としよう。その『東京馬平均』がドーベルマン・ショックという世界的な金融危機のときにはわずか８０００ポイントだった。

そのときは、この東京馬市場参加者の大部分が『東京馬市場で取引したって儲かるはずがないよ。そんな危ないことはやめておいた方がいいに決まっている』と忠告をしてくれる。しかし、そのような環境の中でも、果敢に馬市場に投資をする人たちがいる。その割合を全体の１割＝２万人としよう」

ハサウェイは、観覧席のテーブルの上にマジックで図解を始める。戸惑っている美紀に彼はこう続けた。

「水性マジックで、後で簡単に消えるから大丈夫だよ。さて、そうこうするうちに、東京馬平

■図表3　「20万人の市の図」

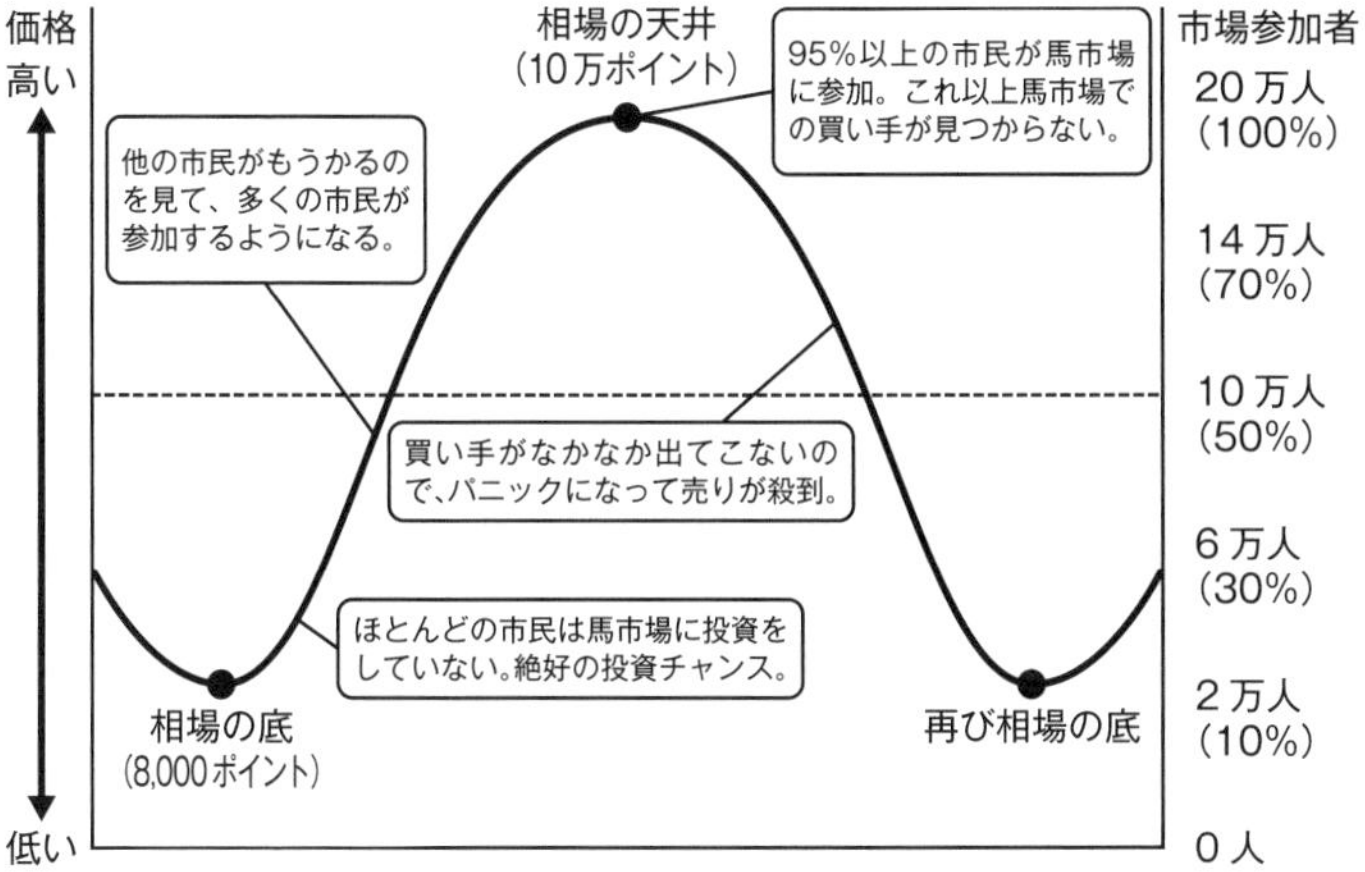

均の値段が上昇して1万2000ポイントくらいになる。すると、これまで『危ないからやめた方がいい』とアドバイスしていた人々の中から、『よく考えたら、東京競馬市場も投資対象として悪くはない』などと転向する人が出てくる。安く買って高く売るのが投資の大原則だから、値段が下がったときに買うのが鉄則なのだが、不思議なことに人間は株価が上がれば上がるほど買いたくなる性質があるらしい。

この段階での東京馬市場の買い手の比率は30％くらいとしよう。そのうちに、30％の人たちが馬取引で儲けたと自慢げに話すのを聞いて、市場に参加する人々が増え始める。50％のラインを越えて、70％や80％の人たちが馬取引をするようになると、『カリスマ主婦が馬平均で毎月300万円儲ける方法』とか『OLの私が、馬取引でマンションを3つ買っちゃった話』とかいうタイトルの本が書店に平積みされるようになる。

そして、この過熱はとめどもなく続き、95％以上の市民が馬取引に買い手として参加するようになる。この頃になると、テレビで高名な評論家が『馬取引をやらないやつは愚か者だ』などと発言するのだが、すぐにこの高名な評論家こそが『愚か者』であることがわかる」

「どうしてですか？」

「単純な理屈だよ。95％もの人が買い手であれば、新たに買い手になる人は残りの5％しかいないことになる。しかも、家訓で馬取引は禁じられているという人もいるだろうから、実際の買い手は5％どころか0％かもしれない。ところが、95％の買い手の大部分の人々は、いつか高値で売り抜けようとしている。買い手がほぼ0％なのに潜在的な売り手が95％もいたらどうなると思う？」

「暴落ですね……」

「そう、このような理屈で、人々が『買いだ』と大騒ぎしているときにこそ暴落が起こるんだ。何しろ『買いだ』と叫んでいる人々は、すでにたくさんの馬を買っているわけだから、彼らはそれ以上買うことができない。逆にいつかは売りたい『潜在的な売り手だ』というのは小学生でもわかる理屈だ。そして、馬平均が暴落して底値近辺にあるときには、この逆の理屈が成り立つわけだよ」

「おっしゃることはとてもよくわかりました。でも、世の中の意見に逆らって投資をするってなかなかできることじゃないですよね？」

その言葉にハサウェイは、

「だからこそ、バフェット流の投資家は、常に勉強・研究して、自分の意見は正しいんだという自信を持つ必要があるわけだ。他人の意見に左右されてふらふらしているようでは、バフェット流のマスターは難しいだろう」

と噛みしめるように答えた。

最終レースはすでに終わり、多くの人が肩を落として帰途についていた。「**競馬は投資と定義できるが、決して効率は良くない**」という言葉を、美紀は彼らの後ろ姿を見ながら思い出していた。

本章のポイント

■ギャンブルとは予想できない（偶然の確率に頼る）ことにお金をかけること、投資は予想できる（努力次第で予想精度を上げることができる）ことにお金をかけることである。

■投資には、全体のパイが均衡するゼロサムゲームと、全体のパイが縮小する中で行うマイナスサムゲーム、全体のパイが拡大するプラスサムゲームの３つがある。

■競馬は投資だと言えるが、マイナスサムゲームであるため、極めて非効率である。

■ＦＸと株式先物は、短期の取引であるため、将来の予測精度を上げることができないので、ギャンブルである。

■市場では、買い手が増えれば増えるほど潜在的な売り手が増えることになるので、高値になるほど暴落する可能性が高くなる。しかし、多くの投資家は高値になったときに参加して損失を出す。一方、底値にあるときは逆の理屈が成り立つのでチャンスである。

第4章　追いかけるのではなく待ち伏せる

明治神宮外苑ゴルフ練習場

ハサウェイは、背後から美紀の肘を支えながら彼女のフォームを矯正している。彼が数歩下がった後に、大きく円を描いてスイングした彼女のドライバーが、ボールを軽快に叩き出し、小さな白球はそのまま真正面に飛ぶ。

「かなり良くなってきたね！」

「ご指導のおかげですわ！」

バフェット流投資のことだけでなくゴルフのレッスンまで受けることができるなんて、自分はなんて幸せ者なのだろう……。それにしても、この初老のイギリス人はなぜここまで私に親切にしてくれるのだろうか？　亡くなったお嬢さんによほど私が似ているのか？　それとも、大金持ちだけれども本当はさびしい老人で、私がちょうどいい話し相手あるいは遊び相手なのだろうか？

美紀がクラブを持ったまま、あれこれ考えていると、ハサウェイが、

「美紀さん、ちょっと休憩しようか？」

と語りかけたので、美紀は、

「はい」

と返事した。

2人は打席の後ろに置かれた木製の椅子に並んで腰かけた。ゴルフ上級者のハサウェイは、かなりの球数を打ったはずなのに涼しい顔をしている。それに対して初心者の美紀は、額から大量の汗が流れている。

スポーツタオルでその汗をぬぐいながら、改めてこの練習場を見渡す。2人が使っている打席は4階まである建物の1階部分にあり、ゴルフコースと同じように地面からショットを打つ感覚を楽しめる。1階の打席は全部で27、長さは150ヤードほどで練習場としては小ぶりの方なのだろうが、地価の高い都心立地であることを考えれば、贅沢なつくりとも言える。

缶入りのギネスビールで喉を潤したハサウェイは、

「ところで、今日ここに誘った理由はわかるかい？」

と尋ねた。

美紀はこの質問を待っていた。例の丸善で買った本の中で、バフェットの趣味の1つにゴルフがあると書いてあったからだ。ちなみに、バフェットの趣味には、映画鑑賞、ブリッジ（トランプのゲーム）やウクレレなどがあり、ゴルフはその中でも最も好むものの1つだ。

趣味としてだけではない。米国の大物経営者とのゴルフプレーの中で大型買収の話がまとまったことがあるし、ビジネスや経営・経済に関する生の情報を入手する貴重な機会でもある。

「はい、バフェットの趣味の1つにゴルフがあるからですか？」

「ほおっ！　よく勉強してきたね！」

予想通りの褒め言葉をもらって、美紀はうれしさを隠し切れなかった。

「それでは、投資とゴルフの共通点は何だろう？」

しまった……。先日「投資と競馬」の話をあれほど聞いたのだから、ゴルフ練習場に誘われたときに「投資とゴルフ」の関係も調べておくべきだったに違いない。しかし、調べると言っても、「投資とゴルフの関係」なんてどうやって調べるのだろう。結局気がついていたとしても何もできなかったに違いないと美紀は思った。予想外の質問でどぎまぎしている彼女にハサウェイは、

「確かに、その答えはちょっと難しいね。それでは、ゴルフって止まっているボールを打つだけなのに、なぜこんなに難しいのか考えたことはあるかい？」

その通りだ。剛速球を打ったり、どこに打ち返されるかわからないボールをグラブでキャッチしなければならない野球や、コートのどこに打ち込まれるかわからないサーブを打ち返すテニスよりも、ティーの上や地面で止まっているボールを打つゴルフは簡単そうに思える。ところが、美紀のような初心者でもゴルフはとても難しく、深遠なものだということはよくわかる。

「まったく見当もつきません……」

美紀の率直な言葉にハサウェイはこう答えた。

「ボールが止まっていてもあなたが動いているからだよ」

「私が動いている？」

「ゴルフボールはティーや地面の上で止まっている。しかし、そのボールを打つあなた自身の気持ちや体はどうだろうか？

もし、ミスショットをした後であれば、次はうまく打とうと余分な力が入るかもしれない。逆に会心のショットを放った後であれば、いい気になって必要な集中力に欠けるだろう。さらには、お腹がすけば、『早くゲームを終わらせてランチを食べたい』と考えるかもしれないし、後ろの組のプレイヤーが自分のスイングを見ているのに気がついてプレッシャーを感じることもあるだろう。また、よくあることだが、一緒にラウンドする先輩格のプレイヤーにスイングの問題点を指摘されて動揺する可能性もある」

「本当、こんな風に考えると、まったく同じ気持ちでゴルフボールを打つことはないんですね。私のボールがあっちこっちに飛ぶのも、スイングの技術もさることながら、私の気持ちがぶれているせいかしら？　ゴルフの一流プレイヤーが『メンタルトレーナー』をつけるのも、プレイヤーの技術と同時に、『メンタル＝精神』が成績に直結するからということでしょうか？」

「良いことに気がついたね！　実は投資もゴルフと同じように『究極のメンタルスポーツ』な

んだ」

「投資がメンタルスポーツ？」

投資を始める前に禅寺で修行せよ

「そう、ゴルフの成績が『プレイヤーの心理状態＝メンタル』で大きく変化するのと同じように、**投資の成績も『投資家の心理状態＝メンタル』で大きく変化する**というわけだ」

「そうなんですか……」

美紀はハサウェイの言っていることは理解しているつもりだが、「投資はメンタルスポーツ」だと言われてもまだ実感がわかない。

「もう少し具体的に話そう。たとえば、トヨタ自動車の株価が５０００円だとする。その瞬間の５０００円という株価はどの投資家にとっても同じで違いはない。また、トヨタ自動車を分析するための財務資料は公開されていて、誰でも読むことができる。だから、このトヨタ自動車の価値を判断して売買するのは、まさにティーの上で止まっているゴルフボールを打つようなものだとも言える。しかし、財務データなどから判断すれば誰にとっても同じ＝止まっているトヨタ自動車の株価が、投資家それぞれにとっては違っているように見えるんだ」

「なぜですか？」

「美紀さん、たとえば、あなたがトヨタ自動車の株をすでに２０００円で買っていたとしたらどんな気分かな？」

「２０００円で買った株が２・5倍の５０００円になったわけですから、飛び上がって喜ぶかもしれません。もしかしたら自分にご褒美を買うかも……」

と言いながら、紛失して戻ってきた自分へのご褒美だったプラダの財布のことを思い出した。今もこのお気に入りの財布は使っているが、よく見れば傷跡が残っているハサウェイの顔を見ると、彼にこんなに親切にしてもらっていることに少々罪悪感を感じてしまう。

「それでは逆にあなたはトヨタの株を1万円で買っていたとする。５０００円の株価を見てどう思う？」

「1万円の株価が半値になってしまったわけですから、とてもがっかりします。節約モードに入ってランチのささやかな楽しみはしばらくあきらめて、手製の弁当やコンビニ弁当で我慢するかもしれません」

「いやあ、正直でよろしい！」

ハサウェイはニコニコ笑っていた。

「『トヨタ自動車の株価が５０００円』というたった1つの事実に対しても、あなたの気持ちは状況によってまったく違うし、揺れ動くということだよ。ついでに私が金融機関でトレーダーを始める前に受けたシミュレーションゲームの話をしよう」

ギネスの缶ビールを飲み干したハサウェイは、いつの間にかシルバーのスキットルの飲み口をくちびるに押し当てて、ウィスキーを嗜《たしな》んでいる。東京競馬場でもそうだったが、ハサウェイはいつもウィスキーを飲んでいる気がする。もちろん飲んだからといって乱れたりはしないが、よほどの大酒飲みなのか、それともイギリス人はみんなこうなのか、外国人と接することがほとんどない美紀にはよくわからなかった。

「私は世界的な投資銀行HSBTに入行してすぐに新人研修プログラムを受けた。そのプログラムの中に、ディーリング・シミュレーションゲームというものがあり、他の新人たちと一緒にそのゲームにチャレンジしたんだ。

カジノのチップのような『仮想通貨』が配られた後、それぞれの新人が実際の株式市場や為替市場でそれを運用する。投資するのは仮想通貨だが、相手は本物の市場だ。このゲームでは、平均すると新人たちの運用成績は、ベテランディーラーに引けをとらないものだった。新人といえどもHSBTの優秀な行員として、経済や投資の基礎知識はすでに身につけているからね。ところが、その後、為替、株式、デリバティブなどの部署に配属された新人たちの実際の運用成績は惨憺《さんたん》たるもので、ベテランディーラーたちの足元にも及ばなかったんだ」

「プラスチックのチップと本物のお金ではまったく違うということですか？」

「その通り、だんだん理解が深まってきたね！　シミュレーションでは、どのような結果になっても、自分の懐や銀行の懐は痛まない。だから冷静に投資判断ができたし、成績も良かったわけだ。ところが、ひとたび本物のお金を投資するとなると重圧がまったく違う。運用成績はすべて上司に報告しなければならず、大きな損失を出せば首になるかもしれない。そのようなプレッシャーの中で投資の判断を行うときに、冷静でいることはとても難しい。だから、新人たちはプレッシャーに負けて惨憺たる成績となったわけだ」

「竹刀での戦いと真剣での戦いの差というところでしょうか？」

「なかなかいいことを言うね！　美紀さんのように一般の人が投資する場合、よほど変なことをしなければ、そこまでの重圧がかかることはないだろうが、基本は同じだ。『自分の心をコントロールできなければ投資で成功することはできない』。だから私は、『どうしたら投資で儲かりますか？』と聞かれたら、『修道院で修行して、心を清らかにしてからまた来てください』と答えることにしている」

美紀はドキッとした。自分はハサウェイが言うような心清らかな人間ではない。そんな自分がハサウェイから教えを受けて、成功することができるのだろうか？

美紀の表情が少し曇ったのに気づいたハサウェイは、笑いながらこう続けた。

「もちろん、比喩だよ！　私だって聖人君子とは程遠い人間だし、むしろ悪人の部類に入るかもしれない。ただ、周りの状況に左右されずに自分の心を制御することが少しだけ得意なだけだ。『**いつも沈着冷静でいることは、投資で成功するための最も重要な条件**』かもしれないね。そういえば、日本には禅寺という素晴らしいものがあったよね？」

「はい、以前そこで座禅を体験したことがあります」

そのときの美紀は、足が痛いだけで精神集中などほとんどできなかったが、さも座禅がわかっているというようなふりをした。

「座禅を組んでいると、すべての雑念が取り払われて、無我の境地に至るそうだが、その無我の境地こそが投資にとって最高のサポートになるはずだ。美紀さんが座禅を体験したときにはどうだった？」

「ええ、まぁ……その……」

シャッターチャンスを待つ

2人が打ちっぱなしの練習をしていたのは西練習場だが、ここには東練習場というものも併設されている。東練習場の距離は66ヤードしかなく、アプローチの練習用だ。

「美紀さん、今度はアプローチの練習をしてみよう」

そう言ったハサウェイは、ＨＯＮＭＡのピッチングウェッジを白と黒のツートーンで彩られたゴルフバッグから取り出すと、東練習場に向けてスタスタと歩く。美紀もあわててピンクのゴルフバッグから、ブリジストンのピッチングウェッジを取り出して後を追いかけた。

東練習に着くとすぐに、ハサウェイは首に下げていたキャノンの一眼レフのデジカメを美紀に渡す。いつの間にこんなものを？　さっき立ち上がったとき、バッグから取り出したのだろうか？　怪訝そうな顔で手にしたカメラを見つめている美紀にハサウェイは、

「写真を撮ってくれるかな？」

と声をかけた。

「こんなところで記念写真？　やっぱりハサウェイさんって変わっている！」と心の底で思っている美紀に、彼は、

「もちろん私の写真じゃないよ！　これから私が打つボールの写真を撮って欲しいんだ！」

と言いながらアプローチショットを放った。美紀はあわててカメラを構えようとしたが、彼女が構え終わる前にボールは地面の上に落ちた。

「もう一球いくよ！」

先ほどよりましだったが、今度もボールを追うどころの話ではなかった。何回か繰り返すう

ちに、少しはましになったが、それでもハサウェイが右・左とランダムに打ち分けるアプローチショットのボールをカメラでとらえて写真に収めるなど、到底不可能に思えた。

美紀はボールを追いかけて体を動かすので、汗ばんできた額を自分の首にかけたスポーツタオルで拭うと、ハサウェイが彼女に語りかけた。

「どうだい、とても難しいだろう？　これが普通の投資家が行っている『市場や株価を追いかける』やり方だ」

「？？？」

もうひとつハサウェイの言葉を把握できないでいる美紀に、ハサウェイは、

「それでは、今度はあそこに立ってもらえるかな？」

と言いながら、ピッチングの先端で、アプローチ練習場の反対の端を指し示した。

「えっ、あそこですか？」

そのとき、東練習場に他のプレイヤーの姿はなかったが、練習場の中に立てばハサウェイの打球が美紀の方に飛んできて怪我をすることもあり得る。

「わかったわ！　大事なことをすっかり忘れていた。ハサウェイさんは、私にボコボコにされ入院までした。今までの紳士的な態度にすっかり騙されていたけど、きっと復讐の機会をうかがっていたに違いない。今、誰もいないこの練習場は絶好の復讐の場所というわけね！　いい

わ！　もともと私が悪いんだから。それにドライバーショットじゃないんだから、アプローチショットが当たってもたんこぶができるくらいよ！　あなたのショット、私の体で受けてあげようじゃない！」

彼女はまるで任侠映画の女賭博師のような啖呵《たんか》を心の中で切って、大股で練習場の中をスタスタと歩いた。しかし、練習場の端まで歩き、ハサウェイの方を振りかえると、どうしても怖くて目をつぶってしまう。

ハサウェイは、そんな奇妙な動きをする美紀を不思議そうに眺めながら、

「目をつぶっていたら写真が撮れないよ！　しっかりと、目を開けて！」

銃殺刑に処せられる人間は目隠しをされる。たくさんの銃口が自分に向けられているのをじっと見つめているのは辛いからだ（もう一つ、銃を打つ人間が相手の断末魔の目を見ないですむようにする意味もある）。そのような情けさえないのか？　美紀は覚悟を決め、目を開き、

「矢でも鉄砲でも持って来い！」と叫んだ。

アプローチショットは、最初美紀の右側へ飛んだ。次も右へ飛んだあと左へ。この3球は写真を撮るのが無理だと思ったので見逃した。そして4球目が美紀の正面に来た。まさに「真正面ど真ん中ストライク」である。美紀は構えていたカメラのシャッターボタンを反射的に押した。

「どうだい？」

とハサウェイが声をかけるので、カメラの裏側のビューワーで写真をチェックする。驚くほどきれいな飛球の写真ができ上がった。美紀は、ついさっきまでの恐怖をコロッと忘れて、

「きれいな写真が撮れました！」と笑顔で手を振った。

「それは良かった！　こちらに戻っておいで」

駆け足で戻ってきた美紀に、ハサウェイは、

「これがバフェット流だよ！」

と話しかけるが、美紀にはまだわけがわからない。

「少し説明が必要なようだね。練習も十分できたし、どこかで喉を潤しながら話そう」

美紀はまだアプローチの練習を全然していなかったし、ハサウェイはビールやウィスキーですでに十分喉を潤していると思ったが、「ゴルフボールをぶつけられなかっただけでも神様に感謝しなければならない」と思い直し、

「ええ、そうですわね」

とにこやかにほほ笑み返した。

待ちぶせ戦略

ハサウェイがアンドロイドのスマホで呼び出したハイヤーはトヨタセンチュリーである。練習場の小さな玄関に横づけにするとかなりの威圧感があるし、長身のハサウェイはともかく、小柄な美紀が乗っている姿はまるで小学生のように見える。しょっちゅうアルコールを嗜《たしな》んでいるハサウェイは、あまり自分で車を運転しないのだろう。

ハイヤーが到着したのは、セルリアンタワー東急ホテルである。ロビーラウンジにあるガーデンラウンジ「座忘」（ＺＡＢＯ）にはくつろぐことができるたっぷりサイズのソファーがゆったりと配置されている。また席からは、全面ガラス張りの窓を通じて、素晴らしい庭園を眺めることができる。

まず、２人はモエ・エ・シャンドンで喉を潤した。続いてやってきたのは、サンドイッチやフルーツなどが盛られた二段仕立てのアンサンブルである。美紀もハサウェイも小腹が空いていたので、まずサンドイッチに手を出す。

「さて、話の続きだね」

喉の渇きと空腹を満たしたハサウェイが口を開いた。美紀はちょうどサンドイッチを口にほおばったところだったので、口を押えながら黙ってうなずいた。

「美紀さんはスキューバダイビングをやったことはあるかい？」

美紀は何とかサンドイッチを飲みこんで答えた。

「いちおう、ＰＡＤＩのライセンスは持っていますが、まだ20本くらいしか潜っていなくって、しかも伊豆とか近場の国内だけで、モルジブとかグレート・バリア・リーフなどとてもとても……」

と、余分なことまで答えた。

「それでは水中写真を撮ったことがあるかな？」

「もともと写真集にあるようなきれいな写真を自分でも撮ってみたくて、ダイビングを始めたのですが、やって見るとこれが大変なんです。魚の尻尾や頭の端っこが写っているのはまだいい方で、大部分の写真には海の水以外ほとんど写っていないんです。みよには、『これって幽霊を写した心霊写真？』なんてからかわれるし……」

「確かに水中写真を撮るのは難しいが、上手に撮るコツを教えてあげよう」

「本当ですか？　うれしい！」

「これでも若いころは世界中の海でダイビングをしていたんだ。バハマなんかでは沈没船ダイビングも楽しんだよ。さて、あなたが写真を撮るときに、魚を追いかけたかな」

「はい、きれいな魚を見つけると、できるだけ素早く向きを変え、できるだけその魚に近づけるよう全力で泳ぎます」

「やはりそうか……。それが最大の間違いなんだよ」

「えー」

「プロの水中写真家は、決して魚を追いかけたりはしない。どんな泳ぎが上手な人でも人魚でもない限り、魚のスピードに追いつくことはできないし、追いかけているとフレーミングなどの重要な作業がおろそかになるからね」

「では、どうやって写真を撮るんですか？」

「まず、カメラを魚がやってきそうなところに固定する。後はそのカメラのフレームの中に魚が入るのをひたすら待つだけだ」

「でも、いつ魚がやってくるかわからないですよね？」

「その通り。確かに根気のいる作業だが、これに勝る方法もない。この『**待ち伏せ**』というやり方が、最高の水中写真を撮る方法だし、バフェット流の投資の根本でもあるんだよ。魚を追いかけても、その速さに追いつくことは永遠にできないし、あなたの泳ぎで水が濁るだけだ」

ハサウェイの言うことは理解できたが、まだピンとこないところがある。美紀の表情を見てとったハサウェイは、

「それでは、バフェット自身がよくたとえに出す野球の事例で締めくくろう」

と言いながら、お代わりのフォアローゼズを口に含む。

「あなたがピッチャーの後ろに立っているとする。ピッチャーがボールを投げるのと同時に走り出してボールを追いかけたとして、スーパーマンでもない限り、ボールに触れることすらできないだろう。ところが、優秀なバッターであれば、ピッチャーの投げる絶好球を打ち返すことができる。バフェットが言うように、**『投資は「見逃し三振がない野球」』**だから、自分の納得できるボールが来るまでじっくりと待っていれば、失敗することはほとんどない」

この説明で、美紀は納得がいった。

「私をはじめとする普通の投資家は、市場や株価が動いてからアクションを起こしているから、市場や株価のスピードについていけなくて失敗する。つまり、ピッチャーが投げた球を追いかけている。ところが、バフェット流では、バッターの位置で絶好球を待ちかまえているから、絶好球が来たらほぼ確実にホームランを飛ばすことができる。そういうことですね？」

と言うと、

「まさにホームラン級の名答だね！」

ハサウェイは満面に笑みを浮かべている。

「バフェットが株価を見ないのもそれが大きな理由なんだ。株価や市場の動きをウォッチするということは、結局株価や市場の動きを追いかけていることになる。それに対して、バフェット流は『釣り』にもたとえられる。たとえば、魚が釣れないからといって10分ごとに釣り糸を垂れる場所を変えても仕方がないだろう？　最初にどの場所に釣り糸を垂らすかは、バフェット流においても重要なことだが、一度釣り糸を垂らしたら同じ場所でじっと待つ方が、結局成功するだろ？」

美紀は、まだ残っているシャンパンを飲み干しながら大きくうなずいた。

「たとえば、トヨタ自動車の株価が５０００円から６０００円に上昇したとしよう。大多数の人は、その値動きを見てあれこれ考えるが、バフェット流にそのような値動きは関係ない。たとえば、トヨタ自動車の定価を３０００円と見積もったら３０００円以下でしか買わない。実際には安全余裕率を差し引くから、安全余裕率が約３割だとすると２０００円以下でしか買わないことになる」

「おっしゃることはわかりますが、株価がそんなに安くなることは滅多にないんじゃありませんか？」

「確かにそうだ。だからこそ、バフェットは『**投資の利益は忍耐に対する報酬だ**』と強調するわけだ。彼は数年前にアイ・ビー・エムへの大型投資を行ったが、それは50年間待った結果なんだ。実のところ彼は、50年前からアイ・ビー・エムを熱心に研究していたんだが、『待ち伏せポイント』に入ってきたのが50年後だったというわけだ」

「50年……。吐きそうなくらい長い時間だわ」

美紀は思わず下品な言い回しをしてしまったが、ハサウェイはにっこり笑っただけだった。

「もちろん、アイ・ビー・エムは極端な例だ。普通は半年か1年もすれば『絶好球』がやってくるから安心して大丈夫だよ。ただ、『絶好球』かどうかの確認は徹底的にしなければならない。また、バフェットは『**一度決めた買い値を1セントたりとも上げない**』ことでも有名だ。たとえば、トヨタ自動車の買い値を2000円と決めたら2001円では買わないということだ。買い値を上げるということは『追いかける』ことになるからね。『**とにかく自分が決めたフレーム（ストライクゾーン）の中に株価が入ってくるまで、絶対にバットを振らない**』のがバフェット流だ」

美紀はバフェットのように徹底して『待ち伏せ』することができるかどうかは自信がなかったが、『待ち伏せ』こそが投資成功の秘訣であることはよくわかった。

「『追いかける』よりも『待ち伏せ』。なんだか、恋愛講座を聞いているような気分だわ」

彼女は心の中でそうつぶやいた。

素晴らしい企業をそこそこの値段で買う

話がひと段落して、2人の間には微妙な沈黙が流れる。ハサウェイも練習場での疲れがちょっと出てきたようで、庭園の景色をグラス片手にぼんやり眺めている。美紀も改めて辺りを見回す。天井が高く、席もゆったりとした配置なので、とても開放感がある。今日は土曜日なので結構混雑しており、家族連れの姿もちらほら見かける。窓側の席に向けた美紀の視線が止まった。見覚えのある顔……みよだった。向かいに座っているのはたぶんご主人の岳史さんだろう。２人に挟まれるようにして動き回っているのは、息子の玲雄君に違いない。

みよも美紀とハサウェイに気がついたようだ。右胸のあたりに手を挙げ、遠慮がちに手を振る。ハサウェイも気がついて、

「よかったら彼女たちと合流しよう」

と言った。

ご主人と子供が一緒なので美紀は一瞬躊躇したが、よく考えれば岳史さんも投資には熱心だと聞いていたから、ハサウェイのような素晴らしい投資家から話を聞くのは大いなるプラスになるだろうと思い直した。ハサウェイと美紀は並んで窓側の席に向って歩く。それに気がついたみよたちも立ち上がってお辞儀をする。

「はじめまして」

スタッフに椅子の配置の調整をしてもらって、５人が同じテーブルに座る。

「ハサウェイさんのことは、主人にも色々お話したんですよ。先日教えていただいたことはと

ても役立ちました」

ハサウェイは真正面から褒められて、ちょっと照れているようだった。

「私でよかったらなんでも聞いてください」

ハサウェイは2杯目のフォアローゼズに手を伸ばす。

言葉を発したのは大投資家を前に少々緊張気味の岳史だ。

「マーケット君とか、非常にためになるお話をみよから聞いたのですが、そのような一般的な話は別にして、ズバリ〝良い会社〟を見分ける方法はあるのでしょうか？　たとえばPERとかROEのような指標は役に立つのですか？」

岳史は、FXやデイトレードを中心とした投資をしているから、みよを通じて聞いた「日雇い投資家」の話などはたぶん面白くなかっただろう。彼の口調には、大投資家に対する敬意と共に、「試してやろう」というような無意識の悪意も含まれていた。

「バフェットは『**会計はビジネスの言語だ**』と常々言っているし、バフェットの師匠のベンジャミン・グレアムは、PER、ROE、PBRなどの指標を重要視していた。その考え方はもちろんバフェットも受け継いでいる。特に20代のころのバフェットはグレアムのコピーのような投資手法を行っていた。しかし、シーズ・キャンディーを買収したあたりから、盟友チャーリー・マンガーのアドバイスもあって、グレアム流から脱皮した彼独自の〝真のバフェット流〟が確立されたんだ」

「シーズ・キャンディーって、表参道や銀座に店がある、あのシーズ・キャンディーですか？」

「そうだよ」

「いつも不思議に思っていたんですが、シーズ・キャンディーなのに、売っているのはチョコレートが多いですよね？」

「ああ、それね。アメリカ人の英語はどうも我々イギリス人にはよくわからないのだが、彼らのキャンディーという言葉の中にはチョコレートが含まれるんだよ」

「へぇ、なんだか変」

と、みよが合いの手を入れる。岳史は自分の質問の答えが遮られた形になったので、面白くない顔をしている。

「岳史さん、失礼。脱線してしまったね。バフェット自身も、『バフェットからの手紙』という文章などで繰り返し述べているが、『シーズ・キャンディーの買収』こそが彼の投資スタイルの大転換ポイントなんだ。ただ単純に『(本質的価値に対して）割安な株（会社）』に投資するスタイルから、『**たとえ値段が安くはなくても、素晴らしい将来性を持った企業へ投資する**』という『真のバフェット流』へ転換したということだ。彼は、このことを盟友チャーリー・マンガーの言葉を借りて、『**そこそこの企業を激安価格で買うのではなく、素晴らしい**

企業をそこそこの値段で買う』と言っている」

「『そこそこの企業を激安価格で買うのではなく、素晴らしい企業をそこそこの値段で買う』ですか?」

岳史は思わずおうむ返しした。ハサウェイは、美紀とみよの顔を交互に見ながら、

「これまでのバフェット流のレッスンでは『〝**現在価値がある**〟**企業をどれだけ安く買うか**』という『大転換前の投資手法』に重点を置いた話をしてきた。確かにこの部分では財務分析が特に重要だから、岳史さんが言うようなPERやROEは重要な指標だ。しかし、これはバフェット流の中でもグレアムから受け継いだ一部分にしか過ぎない。それに、ここでそのような数字の解説をしても退屈だろうから、それについては参考書などで勉強してほしい。確か美紀さんは良い参考書を持っていたよね?」

たぶん、丸善で買った本のことだろう。彼女はハサウェイの目を見てうなずいた。

「それに対して、シーズ・キャンディー以後のバフェット流は、『**会社の将来の稼ぐ力**』に大いに着目している」

「将来稼ぐ力を見極めるにも財務分析は必要ですよね?」

と岳史が質問する。

「もちろん、シーズ・キャンディー買収以降も財務分析はバフェット流にとって重要な要素だ

が、そのような財務分析やその他のデータによって、『**企業の将来性を決める2つの重要な要素**』を研究するようになったのが大きな変化だ」

「その2つとはなんですか？」

岳史は思わず身を乗り出した。

ブランド力と仕入れ力

ハサウェイは、それまで手にしていたウィスキーグラスを悠然とテーブルの上に置き、岳史の顔を覗き込むようにして答えた。

「その2つとは『**ブランド力**』と『**仕入れ力**』だよ」

岳史は一瞬きょとんとした表情を見せた。彼はこの2つの言葉など聞いたことがなかったが、自分の妻や美紀の手前、「初耳です」とは言いにくかったので、

「もちろん聞いたことはありますが、言葉の意味が不明確ですね」

などといかにも知ったかぶりをしてしまった。

「聞いたことがある？」

ハサウェイは驚きを隠せなかったが、

「私が創った言葉なんだが……。でも、世の中に同じようなことを考える人がたくさんいるから、私のオリジナルというわけでもないかな？」

と一人で納得している。

岳史は自分が虚勢を張ったことがばれてしまったと思い、真っ赤な顔をしながら美紀とみよを盗み見た。しかし、彼女たちはハサウェイの方を見ていて、岳史のことは気にしていなかった。ほっとしたような、悲しいような気分だった。

「『ブランド力』のブランドって、グッチとかエルメスのようなブランドのことですか？」

みよは、落ち着きのない息子の玲雄を横目でちらちら見ながら質問した。

みんなのブランド

「ブランドというと、大概の人がプラダやルイ・ヴィトン、あるいはロレックスやベンツのようないわゆる『高級ブランド』をイメージするようだが、バフェット流で重視するブランドとは『一部の人々のブランド』ではなく、『みんなのブランド』なんだ」

「『みんなのゴルフ』ではなく、『みんなのブランド』ですか？」

と、先ほどの失敗を挽回すべく岳史がジョークを言ったが、ハサウェイにはまったく通じず不思議そうな顔をしていた。みよと美紀もまるで気がつかなかったかのように無視したので、穴があったら入りたい気分だった。

「『みんなのゴルフ』はよくわからないが、『みんなのブランド』はごく普通の人がごく普通に使う製品のブランドのことだ。たとえば、バフェットの投資先で最も有名なものの１つにコカ・コーラがある。コカ・コーラはみんな飲んだことがあるよね？」

３人ともうなずいた。

「最近は、健康に悪そうだからコカ・コーラは飲まないという人もいるだろうが、コーヒーのジョージアや爽健美茶まで含めたら、コカ・コーラ社の製品を飲んだことがないという日本人はたぶんいないだろう。ところで、世界中でコカ・コーラを販売していない国はいくつあると思う？」

「国連加盟国は１９３カ国ですから、５％として10カ国くらいですか？」

岳史はこれまでの失点を挽回すべく、自分の知識の引き出しを総動員して答えた。

「ほお、よく勉強しているね。日本が承認している国の数は１９５カ国でそれと同じくらいだが、世界中にはたくさんの国があるよね。少し前までは、ミャンマー、キューバ、北朝鮮の反米の３カ国でコカ・コーラが販売されていなかったのだが、少し前にミャンマーが米国と友好関係を回復してコカ・コーラの販売が行われるようになったし、最近オバマ政権とキューバ政府の対話が始まったから、こちらでも遅かれ早かれ、コークが販売されるだろう。そうなると、世界中でコークを販売していないのは北朝鮮だけということになる」

「コカ・コーラってすごい会社なんですね！」

みよはいつの間にかオーダーしたモエ・エ・シャンドンのグラスを片手に感嘆した。

「もっと言えば、こんなエピソードもある。コカ・コーラの発売100周年を目前にして、経営陣はコークの味をもっと良くしようと『ニュー・コーク』に切り替えた。目隠しテストの結果では、圧倒的に『ニュー・コーク』の方が評判が良かったので、大々的に宣伝してのデビューだった。ところが、ニュー・コークの売れ行きが芳しくないどころか、オールドコークの発売中止に激怒した全米の消費者から抗議の電話や手紙が殺到し、すぐにオールドコークを（形を変えて）再発売する羽目になった」

「結局、切り替えは失敗だったということなんでしょうけど、そこまでオールドコークが愛されるのはすごいですね。慣れ親しんだ〝おふくろの味〟みたいのものだからかしら？」

「〝おふくろの味〟……。日本人の表現力は豊かだね。子供のころから慣れ親しんだ『味』や『習慣』はなかなか変わらない。マクドナルドなどがドナルドなどのキャラクターを使って子供向けマーケティングに熱心なのもそのせいなんだ。しかし、オールドコーク復活を望んだコークファンはもっとすごいかもしれないね。一種『コーク教』とでも言うべきなのか……」

「『コカ・コーラにあらずんばコーラにあらず』」ですか？」

「ヘビーユーザーは多分そんな感じなんだろうね。だから、コカ・コーラが1缶160円のとき、ペプシ・コーラが130円でも気に留めないし、たとえばハサウェイ・コーラというものがあったとして、半値の80円であっても彼らは興味がわかない」

ひらめきを感じた美紀は、

「その160円と80円の価格差が大事なんですね」

と合いの手を入れた。ハサウェイは満足そうにうなずく。

「その通り！　ブランドというと漠然としたもののように感じるが、実ははっきりとした『経済効果』を持っているんだ。たとえば、ハサウェイ・コーラの売値が80円で、コカ・コーラの売り値が160円だとしよう。単純に両社の販売本数が同じと考えれば、コカ・コーラの売上はハサウェイ・コーラの2倍。製造原価や販売経費は大差ないだろうから、利益の差は数倍あるいは数十倍になるはずだ。コカ・コーラはその莫大な利益をブランドイメージアップのための広告費などの戦略費用に使うことができるが、ブランド力がなく利益の少ないハサウェイ・コーラは現状維持が精いっぱいで両者の差はどんどん開いていく……」

「バフェットが、ナンバーワン企業（ブランド）を好むのも、そのような理由だったんですね！」

ハサウェイの話にいつの間にか引き込まれていた岳史が思わずそう唸った。

「岳史さん。日本には『坊主丸儲け』という言葉があったよね？」

突然のことに岳史は驚いた。それにしても、このイギリス人は日本のことをよく知っている。

「言ってみれば、『コーク教』の信者相手に儲けるわけだから、『坊主丸儲け』ならぬ『コーク丸儲け』だよね？」

岳史には、ハサウェイのジョークはまったく面白くなかったが、2人の女性は下を向いてくすっと笑っていた。「どうして俺のジョークは受けなかったのだろう？」と岳史は少々腹立たしく思った。

減っていく資産と増えていく資産

「そして、大事なことは、この『ブランド力』というものは、会計上の数字に表れないということだ」

ハサウェイは岳史の顔を見つめながらこう語った。

「まったく財務諸表などの数字に表れないのですか」

岳史が思わず問いかける。

「たとえば、コカ・コーラのブランドの価値を見積もるといっても、簡単ではないからね。ただ、企業を買収したときに『のれん』というものが発生して、それが会計上の『ブランド』と言えなくもないときがある。ただ、この『のれん』という数字も結局はブランドを正確に表わしているわけではない。なぜなら、少なくとも日本の会計原則では『償却』しなければならないからだ」

とハサウェイが答えた。

「ブランドは時間が経てば経つほど価値が増すのが普通だから、工場の設備や店舗のように価値が減少していくものではないですよね。だから資産の価値を減らしていく償却を行うのはおかしいということですね？」

岳史は、自分の知識を見せびらかすことができたので鼻高々であるが、みよは、

「焼却って、燃やしてしまうわけじゃないですよね？」

とわけがわからないことを言っている。

「まあ、価値が減っていくわけだから、燃やしているという表現も一理あるが……」

ハサウェイはかなり戸惑っている。

「みよ、消却って、消してなくすことよ」

と美紀がさらに混乱に拍車をかけるので、ハサウェイは苦笑いした。

「資産の一部が消えてなくなると言えなくもないから、美紀さんの言うことも一理あるが……。とにかく、工場や店舗のように時間が経てば経つほど価値が減るのではなくて、『**ブランドは時間が経てば経つほど価値が増すものである**』ということだけを覚えていれば大丈夫だよ」

みよが、少し遠慮がちに質問する。

「ブランドの重要性って、よくわかったんですけれども、日本にもコカ・コーラのようなブランドはあるのですか？」

「そうだね……世界中を見渡してもコカ・コーラのようなスーパーブランドはそう簡単には見つからないね。ただ、バフェットはコカ・コーラのようなスーパーブランドだけに投資しているわけではないし、30年ほど前にバフェットが投資したときのコカ・コーラが今ほどのブランド力を持たなかったのも事実だ。それに、私は日本株の投資を中心に資産を築いたからね」

そこでみよの目がきらりと光った。

「たとえば、どのような会社でしょう？」

ハサウェイは、苦笑いしながらこう答えた。

「バフェットも、そのような質問をよく受けるんだが、そのときにはこう答えるんだ。『喜んで、私がこれからどの会社の株を買うのかみなさんにお教えしましょう。ただし、みなさんがその会社の名前を聞いた瞬間、私は（他人に話さないように）みなさんの首を絞めて殺さなければなりません！』。

ちょっとブラックなジョークだが、自分がどの会社の株を買うつもりなのかは、重要な企業秘密だから誰にも教えないということだ。優秀な投資家なら当然そうするはずだ。自分が投資しようと思っている会社の株を他人に教えたら先に買われてしまうからね」

3人ともかなり気落ちした表情を見せたので、ハサウェイはこう付け加えた。

「ただ、ヒントは差し上げよう。コカ・コーラはまさに米国という国の文化を背景に発展したビジネスだが、これからの日本で伸びていくブランドも、『日本文化を背景としたブランド』になるはずだ」

3人の顔が再び輝いた。

「たとえば、禅の心を背景にした『ブランドではないブランド』。

それから、米国発祥のビジネスを日本で目覚ましく発展させて最後には米国本社を買収してしまったブランド。このタイプのブランドは、少なくとも小売りの分野に2つと気象の分野に1つあるね。

さらに、製造販売だけではなく、貿易・物流の分野まで自社で抱え、販売商品を低価格帯から高価格帯へシフトアップさせた小売りブランドなど、その他数え切れないほどあるよ」

1つだけ、ピンとくる会社があった美紀は思わず微笑んだ。みよと岳史はうんうん唸りながら考えている。

そのとき、美紀のお腹がグーと鳴った。みんなが注目するので、かなり恥ずかしかったが、ハサウェイが、

「もうこんな時間だね。よければ私の行きつけの店で食事でもどうかな？」

と声をかけてくれた。

もちろん、彼の提案に反対する者などいなかった。

本章のポイント

■投資は「究極のメンタルスポーツ」になぞらえることができる。つまり、投資家の心理状態によって冷静な判断ができずに失敗してしまうことが多い。

■普通の投資家は株価や市場の動きを見てからアクションを起こすが、スピードについていけずに失敗する。バフェット流では、市場を追いかけずに、自分の見定めた〝定価〟（安全余裕率を含む）に株価が到達するのをじっくり待ち伏せする。

■バフェットはかつての単純に「（本質的価値に対して）割安な株（会社）に投資する」というスタイルから、現在では「たとえ値段が安くなくても素晴らしい将来性を持った企業へ投資する」というスタイルへ転換したことを、「そこそこの企業を激安価格で買うのではなく、素晴らしい企業をそこそこの値段で買う」という言葉で説明している。

■企業の将来性を決める重要な要素とは、ブランド力と仕入れ力の2つである。

■企業のブランド力とは、時間が経てば経つほど価値が増すものである。仕入れ力は、「コスト抑制力」とも言える。

第5章　始めるときは慎重に、逃げるときは素早く

5人が乗ったセンチュリーが横づけしたのは、表参道にあるリストランテ・スージー・クワァトロである。表参道の駅から徒歩数分だが、1本裏の通りに面しているのでセンチュリーが停車すると道をふさぐ形になる。

ツインになっている4階建ての建物の表参道駅側の1階と2階がレストラン、奥には独立したバーも備えている。

イスラム風の白と青のタイルを基調とした1階の、扉の右奥に2階へ通じる細い階段がある。登り切ると、異空間が広がる。黒を基調とした内装に赤の装飾がピンポイントで添えられている。

ハサウェイによれば、この店の内装は有名歌手の中村美月のインスピレーションを基に、彼女お気に入りのデザイン・建築会社が仕上げたそうだ。そして、シェフはあのミシュランレストラン・勘八で副料理長まで上り詰めた赤川健太郎である。

乾杯は、イタリア北部のロンバルディア州の首都ミラノ近郊で造られる高品質なスパークリングワイン。「フランチャコルタ」と呼ばれる中でも評価が高いベラヴィスタ社の2008年のロゼである。もちろん、玲雄にはフレッシュ・オレンジジュース。

一同がグラスを置くと、ハサウェイが口を開いた。

「確か『ブランド力と仕入れ力』の話だったね？」

「はい、ブランド力を持つ日本企業のお話までです」

と美紀が答える。

「そうだった。いくつかヒントをあげたが、その他に日本の自動車業界の強力なブランドはどこかわかるよね？」

もちろん、あの会社だ。３人は黙ってうなずく。

「それでは、『仕入れ力』の話に移ろう。岳史さん、突然だが、商売つまりビジネスはどうやったら儲かる？」

いきなり質問を浴びせられた岳史は、口にしていた「フランチャコルタ」を吹き出しそうになる。いきなりそう言われても答えなど浮かぶはずがない。彼がもじもじしていると、

「ちょっと質問が漠然としていたね。悪かった。それではこれでどうだろう。売り値と仕入れ値をそれぞれどのようにすれば商売は儲かるかな」

今度の質問は簡単だった。

「売り値をできるだけ高くして、仕入れ値をできるだけ安くすれば儲かります」

「ご名答！　商売、つまり『ビジネス＝会社の経営』は、『安く仕入れて高く売る』ことがで

きれば成功間違いなしだ！　それではブランド力は高く売ることと、安く仕入れることと、どちらに関わりがあるだろうか？」

「たぶん、高く売ることと関係があるのではないかしら？」

美紀が、イタリアンカラーに彩られた前菜のプレートに伸ばそうとしていたフォークの手を止めて答えた。

「もちろん、仕入れにブランドが役立つこともあるが、基本的にブランドは『高く売る』ための最強のツールと考えて間違いない。しかし、高く売るだけではビジネスは成功しない。極端に言えば、1個1000万円の値段で売れる腕時計の強力なブランドであっても、手間暇がかかりすぎて、コストが1500万円だとしたら差引500万円の損。売れば売るほど損をするとんでもないビジネスだということになる」

「安く仕入れることが、ブランドと並ぶもう1つの柱ということですね？」

と、みよがオードブルの鮮やかな色に染まった玲雄の口をナプキンで拭いながら、自分を納得させるように話す。

そこで、岳史が自分の知識を披露したい衝動に駆られて、口を開いた。

ケチの王道

「バフェットって、ケチで有名なんですが、そのことと仕入れ力と何か関係がありますか？」

「いいところに気がついたね！」

ハサウェイは、満面の笑みを浮かべて岳史を褒める。岳史は、やっと自分のいいところを見せることができてほっとした。

「バフェットのケチぶりって半端じゃないんですよね。若いころは穴が空いたスニーカーを平気で履いていたし、米国有数の大富豪になってからも、空港で公衆電話をかけるとき（当時携帯電話はなかった）、大統領と友達づきあいするような超大物に25セントを貸してくれと頼まれて、今50セントしかないから両替してくると言ったくらいですから。もちろん、公衆電話は50セントでもかけることができる。日本でいえば10円玉がないから50円玉を両替するために、首相と友達づきあいをするような超大物を置き去りにして、広い空港内をうろうろするようなものですよね？」

ハサウェイは苦笑いしながら、

「確かに、バフェットのケチぶりを示すエピソードを集めたら分厚い本ができあがるだろう。そして、バフェットのケチぶりと仕入れ力には確かに大きな関連がある」

オードブルの後には、かぶのスープが運ばれてきた。ハサウェイはスープをすすりながら話を続けた。

「仕入れ力が強いということは、要するにコストを上手にコントロールしているということだが、彼はこんなことも言っている。『**経営者が〝さあっ、今日からコスト削減をするぞ！〟と宣言をするのはダメな会社だ**』とね」

「えっ？　コスト削減してはいけないんですか？」

と美紀が驚いて声を上げる。

「いや、そうじゃない。まったく逆だよ。『コスト削減をしろ』とわざわざ宣言するところに問題があるんだ。コスト削減というのは、美紀さんたちが呼吸をするようなもので、意識せずに無意識レベルで行わなければいけないものなんだ。要するにバフェットみたいに、いつもコストのことを考えている、つまりケチであることが重要なんだ」

「コスト削減とか、仕入れ力って、ちょっと知的な響きがある言葉ですけれど、ケチってとても嫌な響きがしますね」

美紀は率直な感想を呟くように口にした。

「その人間心理がとても重要なんだ。ケチは人から嫌われる。そして、大概の人は人から好かれたいから、大盤振る舞いをしたがる。

たとえば、Aという上司とBという上司がいたとする。上司Aはコスト削減型で、事務経費から出張経費まで細かくチェックして、不必要と思われるものがあると、その都度あなたのところにチェックに来る。もちろん取引先との交際費には徹底的な費用対効果を求める。一方、上司Bは細かいことにこだわらず必要なものはどんどん使えと、あなたの背中を押してくれるし、社内交際費で部下を飲みにつれてってもくれる。どちらの上司のもとで働きたいかな？」

「私は上司Aには耐えられないわ！」

みよが口を開く。

「上司Bは経費も使うけど、その方が部下のやる気を引き出すような気もします。上司Aは私も……」

と美紀が続く。

「今の部長がまさしく上司Aなんですよね……」

とぼやくように言ったのは岳史である。

「3人の意見が一致したね。『コスト削減＝ケチ』は間違いなく他人に嫌われる。だから、この人気のない作業を進んでやってくれる人材はなかなかいないんだ。大概の企業は、売上げや利益が落ち込んでから、最悪の場合は赤字になっておしりに火がついてからしか、コスト削減の努力をしない。そして、何とか危機を切り抜けると、あっという間に無駄遣いを始めて次の危機を招くという繰り返しをしている」

「うちのケチ部長も会社の経営という観点で言えば、決して悪くないということですね？」

と岳史が言うと、

「大盤振る舞いをされると誰でもうれしい。でも、そのお金がどこから出ているかを考える必要もある。会社が永続的に発展しなければ、そこで働く人々の将来の退職金や年金も危うい。もちろん、バフェットをはじめとする長期投資家にとっても、投資した企業が永続的に発展するのは望ましいことだ」

「そして、ブランド力で高く売って、仕入れ力で安く仕入れた差額の利益をどのように使うのかも重要ということですね」

美紀は、モンタルチーノの赤がグラスに注がれるのをちらりと見ながらそう言った。

「そう！　バフェットが大きく成功した理由の1つに、傘下の企業が稼ぐ潤沢な利益を将来の企業の成長のために賢く投資したことが挙げられるよね。もちろん賢い投資の中には他社の株式の購入も含まれる」

「株式は『安く買って高く売る』、企業の経営は『安く仕入れて高く売る』ですね！」

「岳史君、うまくまとめたね！」

今日は珍しくウィスキーではなくワインを飲んでいるハサウェイは上機嫌だ。

「自動車産業のトップブランドのあの会社は、ケチでも有名ですよね？」

褒められた岳史も上機嫌で話を続ける。

「そう、だからあの会社はこれまで成功してきたし、これからの成功も約束されているというわけだ！」

火事

食事は、白身魚に移っていた。香草パン粉焼きだが、もちろん赤川シェフのオリジナルで、シェフ自らひと工夫の説明をしようとした途端、美紀が赤川シェフの足元に漂う煙を見つける。

「何の煙かしら……」

と、美紀が思わずつぶやくと、赤川シェフも自分の足元を見て、

「おかしいですね……、厨房を見てきます」

と言いながら階段を駆け下りた。

そしてみよが、

「そう言えば、何か焦げ臭いにおいがしない？」

というので、一同の会話が止まり、お互いの顔を見回す。そのとき、階下から、

「火事だ！　下は危ないから2階の出入り口から逃げてください！」

という赤川シェフの叫び声が聞こえてきた。

テーブルを囲んでいたメンバーはその声を聞いて一瞬フリーズしたが、その後すぐにみよが玲雄を抱きかかえて、人がやっと一人通れるくらいの2階のドアから脱出する。岳史がそれに続く。美紀は、悠然と自分の席に座っているハサウェイに、

「ハサウェイさん！　危ないから早く！」

と言いながら、岳史の後に続いた。

ハリウッド映画の舞台装置のような幅広の階段を1階まで転げるように下りた4人は、あたりが静寂に包まれていることに気がついた。1階の客はもうすべて逃げた後なのか人っ子一人いないが、1階の厨房から煙も炎も出ていないのは奇妙だ。岳史が、

「ちょっと見てくるから、待ってて」

と1階の入口へ回り込んだ後、手招きをして3人を呼び寄せる。

ドアを開けると、1階の入り口のすぐ後ろにある厨房で、赤川シェフが少しきまり悪そうに、こちらに向かってお辞儀をしている。そこへハサウェイが奥の階段からやって来た。

「みなさん、驚かせて悪かった。冷めないうちに、赤川シェフの自信作をいただこう！」

一同は、何が何だかわけがわからなかったが、夢遊病者のようにハサウェイの後を追って2

階に上がった。

「実は、今日は赤川シェフにお願いして貸し切りにしてもらってってね」

道理で、これだけの名店なのに他にお客がいなかったわけだ。少しおかしいとは思っていたが……と美紀が心の中で思っていると、

「ドライアイスなんかも用意してもらってね」

よく見ると、まだ2階に残っている煙は低いところを漂っていて上昇する気配がない。

「誰か、焦げ臭いと言っていたけれども、ドライアイスが焦げ臭いはずはないよね」

と、ちょっと意地悪な目つきでみよを見ながらハサウェイが口を開くと、みよは、

「ハサウェイさん、ひどいわ！　玲雄もこんなに驚いているし！」

とふくれっ面になった。もっとも、玲雄は今の騒ぎを何かのスペシャルイベントとでも思っているらしく、結構楽しそうである。

「玲雄君、ごめんね」

と言いながら、胸ポケットにしまっていたロリポップキャンディーを渡すとハサウェイはこう言った。

「みよさん、驚かして悪かったが、あのような切羽詰まった状況だと、あるはずのない臭いを感じるというのは事実だろう？」

玲雄がご機嫌なので落ち着きを取り戻したみよは、

「確かにプレッシャーを感じると、事実と違うことを見たり感じたり、臭ったりするものかもしれませんね」

と返事をした。

火事と金融危機

そのとき、それまで黙って考え事をしていた美紀が口を開いた。

「ハサウェイさん、もしかしたら、私たちに『金融危機』とはいったいどのようなものなのかを教えようとしていませんか？」

「おおっ、美紀さん、とても成長したね！　教えがいがあるよ。その通り、火事と金融危機はとてもよく似たものなんだ」

「火事と金融危機がですか？」

と岳史が、「ちょっと違うんじゃない？」という口調で口を挟んだ。

「火事で危機的な状況のとき、多くの人々がパニックになって亡くなってしまう。冷静でいれば、テレビ番組や雑誌などで紹介されている危機対応マニュアルに忠実な行動をとり助かったはずの命がみすみす失われてしまう。ひどいときには、迫りくる火の恐怖で頭が真っ白になり、火から逃げようともせず、その場で立ちすくんで焼け死んでしまう人もいる」

というハサウェイの話に岳史は納得して、首を縦に振る。ハサウェイの話はさらに続く。

「金融危機、たとえばリーマン・ショックのときも同じだ。『火事＝金融危機』だと騒ぎ立てるマスコミや評論家などに踊らされてパニックになった人々がたくさんいた。彼らは高値で買った財産を、パニックの中でたたき売りした。信用取引などレバレッジをかけていた人々の中には文字通り『経済的な死＝破産』を迎えた人もいるはずだ」

岳史はどうやらリーマン・ショックではパニック組であったらしく、うつむき加減でハサウェイの話を聞いている。

「そのような『金融危機＝火事』のときに、本物の火事かそれとも偽物の火事かどうかを見極めて、積極果敢に投資したバフェットがその後の大幅な株価上昇で莫大な利益を上げたことは今さら言うまでもないね。言ってみれば、みなさんが火事だと思ってあわてて逃げだした後の御馳走を私が独り占めにしているようなものだね」

美紀は、ハサウェイが自分たちにバフェット流の真髄を教えるために、こんなちょっとふざけた企画を思いついたのだということはわかっていたが、面白くない気持ちであるのも事実である。

「でも、この『火事』を企画したのはハサウェイさんだから、全部わかっていたわけでしょう？」

と、やや強い調子で美紀が言った。

「そうだね、本物の金融危機では、この偽火事での私のように事前に何がいつ起こるのかを前もって知ることはできない。しかし、バフェットはこう言っているんだ」

前もって備えることはできる

ハーブオイルの香りが香ばしい赤味牛のサーロイン・ステーキをフォークで突き刺しながら、ハサウェイは話を続ける。

「**『私は、いつ何が起こるかを予想することはできないし、自分は未来予測ができるという人間を信じることもない』**とバフェットは言っている。つまり、自分は未来の予測などできないし、そのようなことができる人間も世の中に存在しない。あくまでみんな人間であって神様ではないからね。**しかし、『将来のいつか、どこかで、何か危機的状況が起こるであろうことはわかるし、それに備えることはできる』**と彼は言い続けているんだ」

「火事がいつ起こるかわからないけど、毎年防火訓練をしたり、それこそ何十年に一度やってくるのかわからないけれど、地震の避難訓練をやるようなものかしら？」

おいしい肉を食べてすっかりご機嫌になっているみよが発言する。

「なるほど、よく考えれば、店や劇場に入るときに、慎重な人であれば避難経路や非常口を確認しますよね。もし、そのような準備をしていれば、パニックになる度合いも少なくなるというわけですね」

と岳史が続ける。

「まあ、店に入るときに非常口を確認する人は少ないだろうが、基本は岳史さんの言う通りだ。無駄だと思うようなことでも、万が一に備えて準備を怠らない。

バフェットがこれまで成功してきたのも、『危機はいつか来る』ということを常に意識していて、絶対に無理をしなかったからだ。信用取引などのレバレッジをかける取引を行なわないのもその一例だし、総資産の最低１割（通常はもっと多い）を必ず現金で持っているのも、まさかのときに対する備えだ」

「バフェットクラスのスーパー投資家なら、資金全部を投資したり、レバレッジをかけたりした方が効率が良さそうなのに、それをしないのがバフェット流の重要ポイントなんですね」

と言いながら、美紀がうなずく。

「そして、最低１割の現金を必ず残しているからこそ、危機でみんながパニックになって捨て値で売っているときに、タダ同然の価格でそれらを買い集めることができるんだ」

3人は、バフェット流の真髄に触れたような気がしてうなずいた。

「ただ、繰り返すが、**『投資の利益は忍耐に対する報酬だ』**というバフェットの言葉は忘れてはならない。『禍は忘れたころにやってくる』というくらいだから、『金融危機』というチャンスは、それこそ忘れるくらい長い間待たなければやって来ない」

そこで、サーロイン・ステーキを食べ終わったハサウェイはナプキンで口を拭う。

「そう言えば、戦国の三武将で最後に勝利したのは徳川家康だよね？」

「はい、ホトトギスの扱い方で象徴されるように、織田信長、豊臣秀吉、徳川家康の中で、家康が最も忍耐強く、結局徳川260年という大きな果実を得ました」

岳史がそう言うのを聞きながら、「忍耐力が勝負」なのは投資の世界だけではないと美紀は思った。

始めるときは慎重に、逃げるときは早く

ハサウェイのデザートは、今回もヤギのチーズだ。相変わらずたっぷりの蜂蜜がかけてある。美紀はチョコレートケーキ、みよは焼きプリン、岳史はマンゴーアイスを頼んだ。

カプチーノを待ちながら、ハサウェイが話を続ける。

「バフェットはこうも言っているんだ。『**劇場が火事になれば、ただ逃げればいい。しかし、金融市場が火事になったら、あなたは燃え盛る炎の中で、あなたが今まで座っていた椅子を誰かに売らなければ逃げることはできない**』」

一同のフォークが止まって色々考え始める。一番最初に口を開いたのは美紀だった。

「さっきの火事騒ぎのようなケースでは、ただ逃げればいい。でも金融市場では、参加者は椅子というその場所から動かすことができない資産を買ってしまっているから、その資産を誰かに買ってもらわないと逃げられない。でも、火事で焼けてしまうかもしれないような椅子（しかもそこに座らなければならない）を買う人は滅多にいないから、売るのはとても難しいということですね？」

「美紀さん、頼もしくなってきたね！　『**投資というのは、誰かに自分の資産を買ってもらわなければ脱出できない**』ということをバフェットは痛感しているから、とにかく逃げ足が早い。結果的に最高値の半値くらいで売っているケースも珍しくないんだ」

「その後も持っていれば倍になったわけですよね。何だかもったいないですね」

「岳史さんがそう思うのも無理はないかもしれない。しかし、火事だとみんながわかったら、誰も買ってくれないだろう？　焼け死ぬよりはましだから、早すぎるくらいのタイミングで売却するのがバフェット流なんだ」

「なるほど、そうですね」

とうなずくみよにハサウェイが質問した。

「それでは、買うタイミングはどうだろうか？」

突然の質問に、右手のフォークを握りながら考えていたみよは、

「あっ、『投資は三振のない野球』ですから、『絶好球＝自分が納得する安値』が来るまでひたすら待っていればいいんですね」

「そう、**買うときは『〝ベストプライス＝絶好球〟が来るまでひたすら気長に待つ』**。投資を始めなければ1円も損をしないからね。**逆に売るときは、『少しでも危険を感じたら資産（椅子）を売り払って一目散に逃げる』**。炎が見えてしまったら、あなたの椅子を買おうなどという奇特な人はほとんどいなくなってしまうからね。

結局、**『気長に買うチャンスを待って、危険を感じたらすぐに売る』**のがバフェット流ということだ。ここでも大事なのが、**『できるだけ安く買う』**ということだ。安く買って十分儲かっていれば、早めに売却することも難しくはない。しかし、高値で買ってしまって、まだあまりもうかっていなかったり、含み損を抱えていたりしたら、『もっと儲けてから』と考えて、なかなか早めに売却できないからだ」

美紀は、ハサウェイが次にどんな話をするのか、ある程度予想できるようになってきた。

「そろそろ、実践で、私の実力を試したい……」

そんな考えが美紀の頭をよぎった。

人類史上最高のアイディア

デザートを平らげたハサウェイは、

「みなさんの成長ぶりはとてもうれしいね！　今夜はあと2つ、重要なポイントをお話したいが、場所を変えてもいいだろうか？」

と上機嫌で言った。

玲雄にはもう遅い時間なので、みよは玲雄と一緒に帰ることにした。残った岳史が、ハサウェイの話を彼女に伝える予定である。

3人はリストランテ・スージー・クワァトロの1階を出てすぐ左手奥にあるワインバー「ブルー」の席に腰を下ろした。十数人入ればいっぱいになるこじんまりとしたスペースだ。事前に頼めば、スージー・クワァトロの料理も堪能できるが、窯焼きピザを目の前で焼いてくれるのがうれしい。

ハサウェイは、折角イタリアンを食べたのだからと言って、食後酒として一般的なグラッパを頼んだ。出てきたのは、ベルタのヴィンテージだった。

美紀はアルコールはもう十分だと思ったので、プレーンのペリエ、岳史はガヤ社のバルバレスコ1979年赤をハサウェイから勧められて飲むことにした。

改めて乾杯した後、岳史が待ち切れないという感じでハサウェイに問いかける。

「残りの2つの重要ポイントってなんですか？」

グラッパのグラスをテーブルに置いてハサウェイはこう答えた。

「まず1つ目だ。アルバート・アインシュタインは2人とも知っているよね」

「はい、もちろん」

2人はハモるように返事をする。

「それでは、彼が『人類史上最高』と絶賛した優れたアイディアは何かな？」

「ちょっと自慢っぽいけど、やはり『相対性理論』ですか？」

と美紀が答えると、それに続いて岳史が、

「先人の偉業を讃えて、ニュートン力学ではないでしょうか？」

と続く。

「残念ながら2人とも不正解！」

■図表４　100万円の借金がトイチで増えていく図

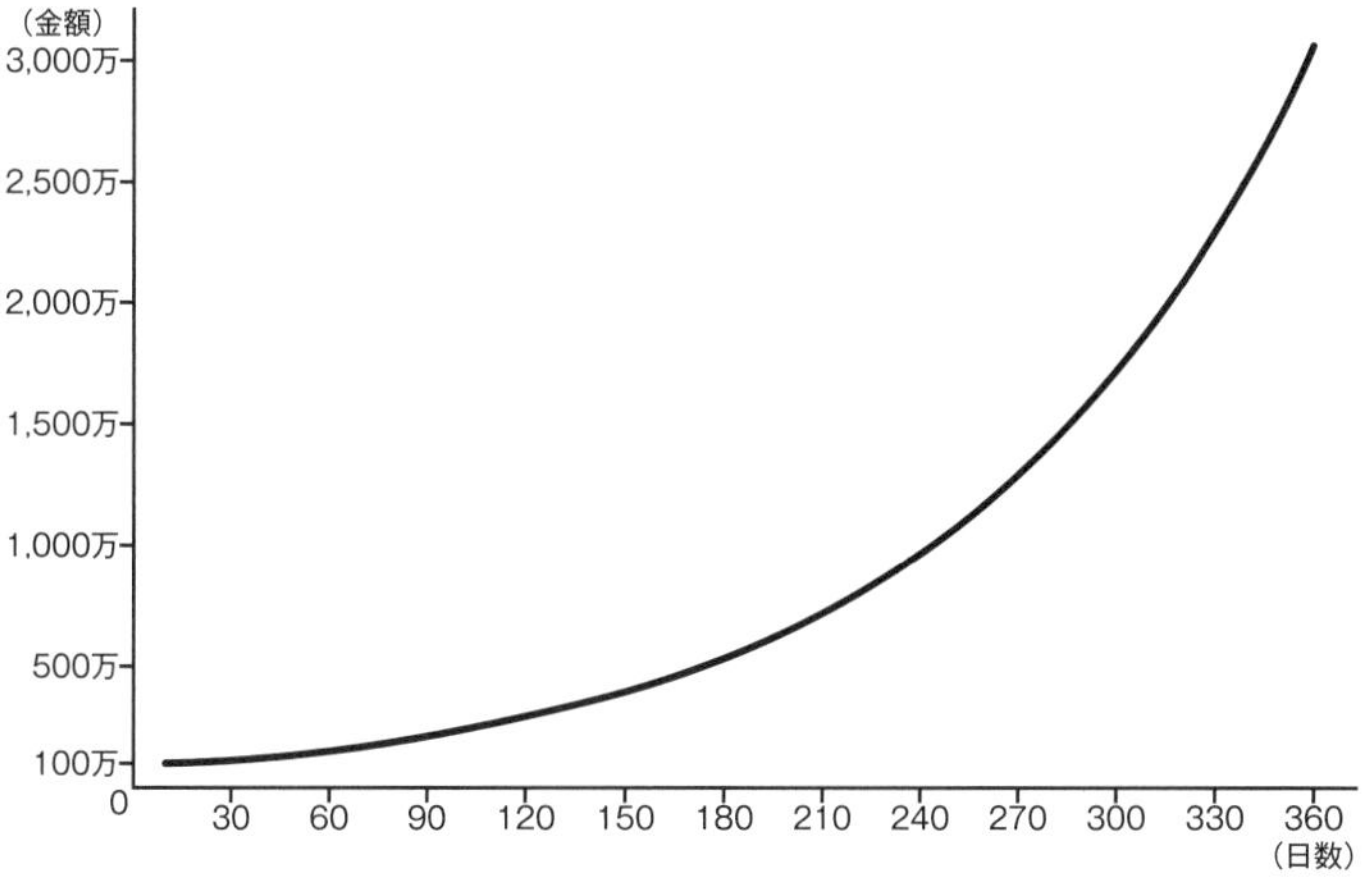

ハサウェイは少しおどけてそう言った。

「実は、アインシュタインが人類最高のアイディアと讃えたのは『複利（計算）』なんだ」

「複利って、あのトイチとかの複利ですか？」

美紀は銀行に勤務しているので、違法金融の世界も少しは知識がある。いわゆる闇金では「10日で１割＝トイチ」という恐ろしい貸し付けがある。「10日で１割＝１日あたり１％」なので１年で考えると３６５％。つまり１００万円の借金が１年で元金の１００万円を含めて４６５万円になる。しかし、ここまでは単利の話だ。恐ろしいのはトイチでは複利計算をするということだ。図表４のように、複利で計算すると１００万の借金が１年で３０００万円以上にもなる！

「複利だと、借金がどんどん膨れ上がるんですよね？」

岳史も漠然と複利のことはわかっているようだ。

「そうだね。借金をするときに複利がどれほど恐ろしいものか2人とも理解しているようだが、それでは、アインシュタインがなぜこのように恐ろしいものを人類最高のアイディアだと言ったのかわかるかな？」

「うーん……」

岳史は腕組みをしながら考えている。美紀は、スカートの端をいじりながらあれこれ考えていたが、恐る恐るこう切り出した。

「あの、私銀行員だから言いにくいんですけれども……、借り手の借金が雪だるま式に増えていくということは、貸し手から見れば、取り立てることができる金利が増えるわけですから、悪い話ではないということですね。貸し手とは、要するに『お金を運用する立場の人＝投資家』ですから、複利というのは投資家にとって素晴らしいことのような気がします」

美紀は自分の言っていることが突拍子もないことのように思えて、自信なさげな話しぶりだったが、ハサウェイはグラッパを胸の高さに持ち上げ、

「美紀さん、おめでとう！　あなたはもうすぐこの学校を卒業できるよ！」

と言いながら、グラスの中の液体を一気に飲み干した。

■図表５　100万円の元手を年利30％（複利）で30年間運用する図

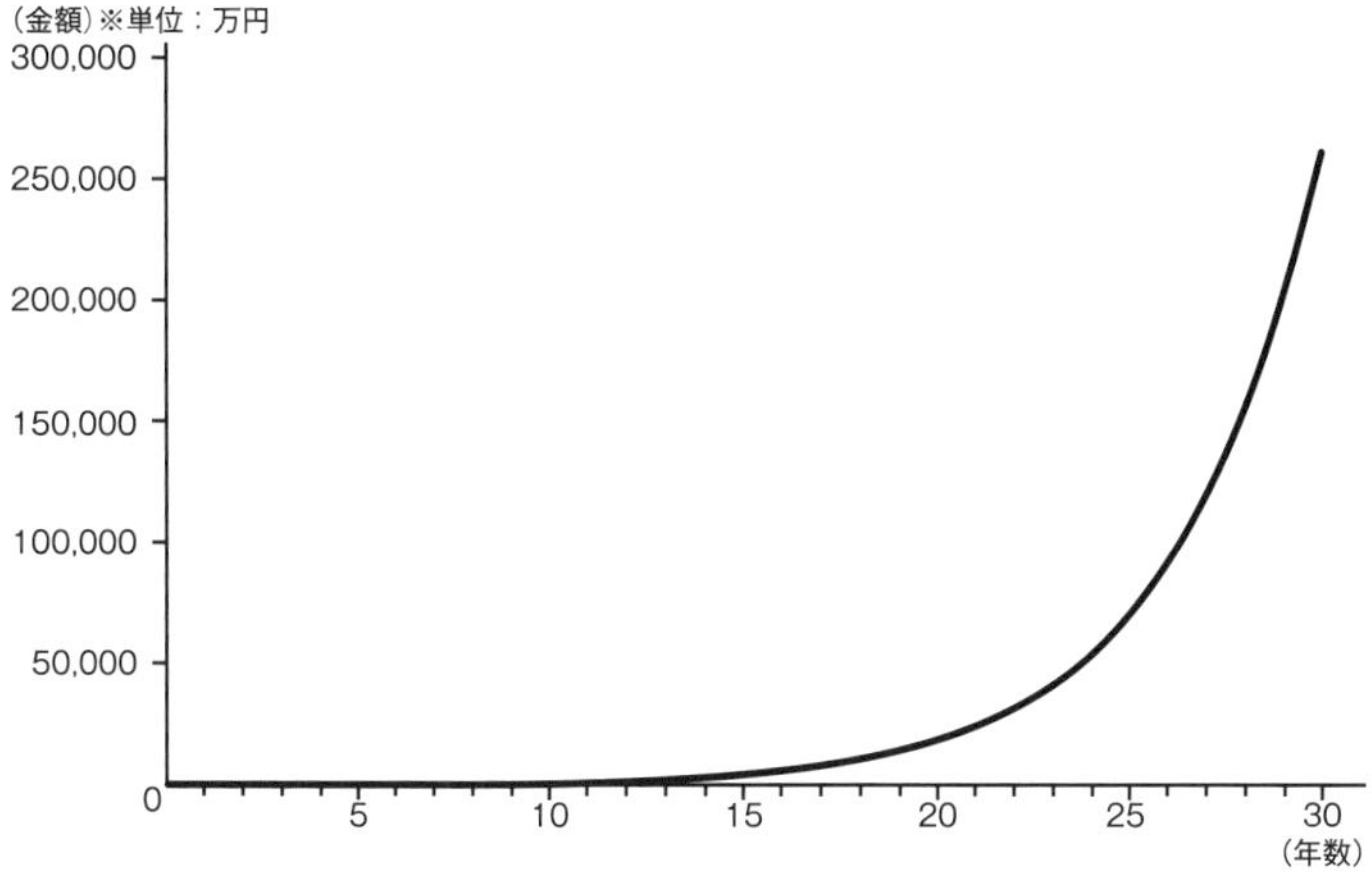

「借金をするときには悪魔のような存在である複利は、投資家が運用するときには『人類最高のアイディア』になるわけだ。たとえば、バフェットの現在の数兆円規模の資産も、少年時代に新聞配達などで貯めた１００万円ほどの貯金を基に、70年近く複利（20％〜30％程度）で運用した結果だ。ちなみに、１００万円を30年間、30％で運用するといくらになると思う？」

「複利効果はすごいですから、もしかしたら１億円くらいになったりして」

と、美紀が願望を込めて言うと、岳史はさらに強い願望を込めて、

「３億円くらいになったら最高ですね！」

と言った。

「答えは26億２０００万円だ」

２人とも一瞬言葉が出なかった。想像もつか

ない巨大な金額である。美紀だって100万円くらいの投資はいつでもできるが、それが26億円以上に……。30年後と言えば、このままいけば美紀が定年退職する年齢である。

「でも年間30％というのは、かなりハードルが高いのではないでしょうか？」

「その通り、バフェットでも過去50年間の運用成績は年間平均20％～30％程度だ。しかし、15％で計算しても30年後にはおおよそ6600万円になる」

「15％くらいなら私でもがんばればできるかしら？」

100万円で6600万円なら、300万円で始めれば2億円近くなる。老後に不自由はないわ！　と考えながら美紀はそう言った。

「もちろん、これまで勉強したことを確実に実行していけば必ず実現するはずだ。ただし、バフェット流の次の2つの投資に重要なポイントを肝に銘じて欲しい。**①絶対損をしないこと、②①を絶対に忘れないこと**」

「とにかく、損をしないように慎重な投資を心がけなければならないということですね」

「複利はプラスに働いているうちは頼もしい味方だが、運用がマイナスになれば牙をむくからね。高い利回りを求めるのではなく、損をしないように慎重な投資を心がけることだね！」

とハサウェイが言った。

誰がカモかわからなければあなたがカモである

夜も更けてきた。考えてみれば、今日はゴルフの打ちっぱなしから始まって、セルリアンタワーでのみよファミリーとの遭遇、リストランテ・スージー・クワァトロでの会食とずいぶん長い1日だった。その間ずっと美紀は、ハサウェイからバフェット流を中心とした投資のエッセンスを伝授してもらったわけだ。それだけではない。東京競馬場やシェ松川など色々なところでずいぶん多くのことを学んだ。

それらの教えをどのくらいマスターできたのかは大いに疑問だ。しかし、ハサウェイの話は表面的な技術にとらわれることなく、物事の本質を突いているからとても腑に落ちる。投資には素人の美紀にも、バフェット流で投資を成功させるには、表面的な技術よりも、『物事の本質』を正しい方向から見て、正しい判断を下すことが重要なのだということはよくわかった。

ベルタのヴィンテージの他、シボーナやナルディーニなどのグラッパを数杯飲み干した後、ハサウェイはギネスの小瓶をオーダーした。岳史と美紀は、今度はライム風味のペリエを注文する。

「2人とも、もう1つの投資の重要ポイントを早く知りたいだろうと思うが、それと関連した内容でもあるので、ちょっとつき合ってもらえるかな？」

そう言いながら、ギャルソンに目配せをした。すると彼がうやうやしく差し出したのは、トランプのカードである。ハサウェイはカジノディーラーのようにカッコよくカードを切ると、3人の席に手札を配った。

「2人ともポーカーは知っているよね？」

岳史はすぐにうなずいたが、美紀はルールをうろ覚えだったので、ハサウェイが丁寧に手ほどきをしてくれた。ルールの解説が終わると、ハサウェイは再びギャルソンを呼ぶ。彼が持ってきたのは、本格的なつくりのカジノチップである。こんなものがなぜこの店に……と思う間もなく、彼は自分の腕時計を外すとテーブルの上に置いた。

「せっかくだから、みんなの腕時計を賭けて、勝者が総取りすることにしたらどうだろう？」

岳史は思わず自分の左腕を見た。彼がはめているのは、何年か前の冬と夏のボーナスの2回払いで買ったタグ・ホイヤーのフォーミュラ1である。美紀は、カルティエのタンクフランセーズで、まだローンがかなり残っている。とても余興で賭けるような代物ではない。しかし、色々と親切にしてくれるハサウェイの誘いを無下には断りにくい。2人とももじもじとしていると、ギャルソンが2人の耳元でささやいた。

「一目でおわかりになったとは思いますが……、ハサウェイ様が腕から取り外したパテック・フィリップのセレスティアルは数千万円するはずの超高級品ですよ」

実のところ2人とも一目ではまったくわからなかった。だいいち、パテック・フィリップなんてブランドは聞いたことがない。しかし、数千万円はすると聞いた2人の心に火がついた。

「数十万円の自分の時計を失うリスクはあるが、数千万円の時計を手に入れることができるチャンスを見逃す手はない！」と思ったのだ。

まず、岳史が勢い込んで、

「よろしくお願いいたします！」

と言うと、美紀もそれに続いた。

にっこりとハサウェイが笑うと早速プレイ開始だ。

2人とも、ハサウェイがポーカーを得意とするであろうことは予想していた。単なるカードゲームではなく、相手の手の内、心の内を読む心理ゲームの側面が大きいからだ。それにしても、ハサウェイの勝ちっぷりはすさまじかった。プレーをしている2人が、ハサウェイに自分のカードをすべて読まれているのではないかという錯覚に陥ったほどだ。

岳史も美紀も手持ちのコインを使い切ってゲームオーバー。「カルティエの時計がなくなってしまうのに、ローンを払い続けなければならない……」と思った美紀は思わず涙目になった。

その美紀の涙を見たせいかどうか、ハサウェイは、

「まあ、今のは余興だから、これは2人にお返しするよ」

と言って、それぞれに時計を差し出した。

岳史は「これで、みよが事の次第を知って怒りのあまり噴火する姿を見なくてすむ」と思いながら「ありがとうございます」と言って、タグ・ホイヤーを受け取った。

しかし、美紀は、

「約束は約束ですから！」

とちょっとヒステリックに突っぱねた。ハサウェイには、出会いのときからひどいことをしている。それなのにいつも親切にしてもらっている。それが何だか負担に感じられたのかもしれない。

「それに投資は自己責任でしょ！　ポーカーだって一緒だわ！」

興奮気味に言う美紀にハサウェイは、

「それはそうなんだが……。今の私のいかさまには全然気がつかなかったのかな？」

2人は思わず椅子から跳び上がりそうになった。その様子を見たハサウェイは笑いをかみ殺しながらこう言った。

「このカードを見てごらん。こうやって2枚を比べると、右下の部分が、どのカードも少しずつ違っているのがわかるかい？」

確かによく見ると、ハサウェイが2枚ずつ少しずらしながら重ねて示すカードの右下は、どれも柄が微妙に違っている。

「しかも、それだけじゃない。あなた方の後ろに立っているギャルソンたちが、色々なサインであなた方の持ち札を私に教えてくれていたことにも全然気がつかなかった？　私は彼らのサインの出し方があまりにも見え見えなので、いつ気づかれるかひやひやしていたんだが。あなた方はよほど勝負に熱中していたんだね」

ハサウェイの言うとおりだ。数千万円の時計欲しさに２人とも自分の手札や相手の手札の推測ばかりに集中し、まわりがまったく見えていなかった。

ハサウェイはさらに続ける。

「初心者がカモにされるのはもちろんポーカーだけではない。まあ、投資の世界も似たようなものだ。こんな素晴らしい古《いにしえ》からの金言もある。『ポーカーを30分やって誰がカモかわからなければ、あなた自身がカモである』。つまり、『ははあん、彼（彼女）がカモになっているな』とわかるようなレベルになるまでは、初心者であるあなたがカモにされる可能性が高いということだ」

「投資って、実は怖い世界なのかしら……」

と美紀がつぶやくと、

「一種の戦場だからね。バフェットはこう言っている。『**神は自ら助けるものを助く。投資で**

もそれは同じだ。ただし、投資の世界では、右も左もわからない者は助けてもらえない』。

たとえば、自動車運転の初心者には若葉マークというものがあるし、ゴルフの初心者はハンディキャップをもらえる。しかし、投資の世界でそれはあり得ない。一度投資を始めたら、初心者であってもバフェットなどの超一流投資家と同じ条件（むしろ悪い条件）で戦わなければならない。

よく初心者向けの金融商品と称されるものがあるが、そのようなものを信じることこそが、『カモにされている』証拠だ。『私は初心者です』と言うのは、『私をカモにしてください』と言うのと同じこと。戦場で兵士が『私は新兵です』というゼッケンをつけているようなものだよ。たちまち敵の集中砲火を浴びるというわけだ」

美紀が働いている五菱銀行でも初心者向けの金融商品を少なからず販売している。しかも、その中のいくつかに美紀も投資をしている。ハサウェイの言葉に少し納得がいかず、

「でも、たとえば個別企業への株式投資と投資信託を比べれば、投資信託の方が初心者向けの金融商品ではないのですか？」

と恐る恐る質問した。

「この話は以前したような気もするのだが……。もちろん、個別企業の株式へ投資をするためにはそれなりの勉強が必要だ。いきなり初心者が成功するのはそれほど簡単ではないかもしれ

ない。ビギナーズラックを除いては。しかし、あなたが簡単だと思っている投資信託はどのように選んだのかな？」

「えーと、比較的運用利回りが高い割には安定的だと言われて……」

「つまり、他人に言われたことをそのまま信じて、自分では何も調べていないし、その投資信託がどこへいくら投資しているのかも知らないわけだね」

「ええ、まあ……」

「だったら、私はカモになっていませんなんて断言できないよね」

美紀は、ハサウェイの言うことは的を射ていると思った。結果的に現在は少しばかりの利益が出ている投資信託も、リーマン・ショックのときには大きく基準価格が下がり、「安定的なんて大ウソだわ」と思ったのも事実である。しかもいまだに、リーマン・ショックのときになぜそのような損失が出て、なぜ今利益が出ているのかと聞かれてもまったくわからない。

助っ人の話に金を払うな

ハサウェイも珍しくペリエのプレーンを注文した。そろそろお開きの時間らしい。

「いよいよ、最後の重要ポイントの話になる。この話は先ほどの〝カモ〟の話にも関係する」

と言うハサウェイの顔を見ながら、2人は神妙にうなずいた。

「ズバリ言えば、**『助っ人の話に金を払うな!』**だ。バフェットは、最近よくこの言葉を繰返しているね。49周年の『バフェットからの手紙』(2014年発表)の『投資について思いめぐらせること』というコラムでもこのことが詳しく書いてある」

「えーと、助っ人って誰のことですか?」

「そうだね、まずそれから話をすることにしよう。バフェットは『助っ人の話に金を払うな』を説明するために野球解説のケースを取り上げている。

たとえば、球場に設置された放送ブースで、スポーツ専門の評論家がプロ野球の解説をしているとする。その評論家の野球やチーム・選手に関する知識は人並み以上だから、解説もそれなりに説得力がある。しかし、彼はプロ野球のチームでプレーしたことはないし、監督としてチームを率いたことなど当然ない。そんな彼の〝もっともらしい話〟が、フィールドでプレーしているプロ野球選手や監督の役に少しでも立つと思うかい?」

「うーん、おっしゃるように、ただ聞いているだけなら面白いでしょうが、それがプロ野球のプレーの役に立つとは思えません」

という岳史の言葉に続けてハサウェイはこう言った。

「放送ブースだけでなく、球場やテレビでプレーを見ている観衆の中にも、もっともらしい解説をする人々がたくさんいるが、彼らの意見も、あまり役に立つとは言えない。まして、お金を払う意味などないだろ？」

美紀も岳史も、自分の周りで該当する何人かを頭の中で思い浮かべながら、深くうなずく。

「ちなみに、バフェットが『助っ人』と呼ぶ人々は、評論家・コメンテイター・銀行・証券・投資顧問などだよ。いずれも自分ではプレーせずに『評論』だけをする人々だ」

美紀は「銀行」という言葉が出たので、思わず反論した。

「銀行や証券会社は、自分自身で投資していますよ」

「確かにその通りだが、彼らはその投資で十分な利益を上げているのかな？　バブルなどで一時的に儲かるケースは珍しくないが、長期間にわたって自己投資で安定的な収益を上げている銀行や証券は存在しないと言っていいだろう。だいいち、自己投資で儲かっている銀行や証券が、細かな金融商品を手間暇かけて売る理由はないだろう。自己資金を儲かる投資に振り分ければいいだけのことだ。しかし、現実には投資で儲けることができないから、金融商品を投資家に販売して企業を成り立たせているわけだ」

銀行員の美紀としては悔しいが、ハサウェイの言うことは事実だから反論のしようがない。五菱銀行でも純粋な投資部門はおおむね赤字だ。ただ、その投資部門が扱う顧客の手数料で黒字化しているに過ぎない。

ハサウェイはさらに話を続けた。

「結局、自分で勉強することは不可欠だが、『(外野から眺めている)他人の話は役に立たない』ということだ。バフェットはオマハという田舎での生活を愛し、そこから離れようとしないが、そのことは『ウォール・ストリートで流れるもっともらしい話は、投資の成功と何の関係もない』ということを意味する。日本で言えば『丸の内や兜町で流れるもっともらしい話は投資の何の役にも立たない』ということになる」

「他人の話をうのみにせず、自分でしっかりと勉強して判断しなければならないということですね?」

と美紀が言うと、

「他人の話を鵜呑みにしないという点では、基本的に振り込め詐欺の対処法と一緒だよ」

「???」

「いきなり、『儲かりますよ』という話をされても、最初に色々なチェックをすべきだということ。赤の他人から持ち込まれる『儲かりますよ』という話の99・9%は嘘だからね」

岳史も美紀もハサウェイの言いたいことは良くわかった。

新聞を読むと馬鹿になる？

ハサウェイは、ギャルソンを呼んでチェックを頼んだ。もう本当のお開きの時間だ。

「ところで、バフェットが『ワシントン・ポスト』をはじめとする数多くの新聞社に投資をしてきたことは知っているかな？」

美紀はまったく知らなかったが、岳史は、

「最近では、60社以上の地方新聞社を買収したことで話題になりましたよね」

と答えた。

「そのバフェットは『**マスコミが賢ければ賢いほど投資家は繁栄する**』と言っている」

「やはり新聞などで情報を得て勉強するのは大事だということですよね？」

と美紀が言うと、

「ただし、新聞に書いてあることをそのまま信じてはだめだ」

とハサウェイが続ける。

2人は驚きの表情を隠せなかった。新聞に書いてあることが信じられないのなら何を信じたらいいのだろう。確かに、最近では日本の３大日刊紙の一つが、歴史的事件を捏造して国際問題になったりしているが、それはあくまで例外なのではないかと美紀は思った。

「バフェットの言葉は裏読みする必要があってね。**『マスコミが賢くないから、投資家も繁栄しない』**ということなんだ。実際、大部分の投資家はうまくいっていない。つまり繁栄していないだろう?」

美紀も岳史もうまくいっていない投資家の一人として、この言葉がグサッと来た。

「もちろん、バフェットが新聞を読まないわけではない。むしろ『ウォール・ストリート・ジャーナル』などは、熟読している。ただ、読み方には注意が必要だ。バフェットはこんなことも言っている。

『新聞の社説よりも、新聞の片隅に掲載されている3行広告の方が重要な情報を伝えている』。

言ってみれば、新聞記者も〝助っ人〟の一部だ。彼ら自身は何のプレイヤーでもない。だから、彼らの評論を読むために時間を費やすのはまったくの無駄だ。社説はまさにその典型と言える。しかし、広告ではビジネスのプレイヤーである企業や個人がお金を払って何かを伝えようとしている。どのような職種の求人が多いのか、どのような商品の広告が多いのかなど、広告はまさに企業や経済を知るための情報の宝庫だ。これを活用しない手はない。しかし、記事を読むときには、それが『事実』なのか『評論』なのかを慎重に見極めなければならない」

そう言って、ハサウェイはペリエを飲み干した。

そこへギャルソンが明細を持ってきたので、ハサウェイはサインをした。

美紀も岳史もまだまだハサウェイに聞きたいことが山ほどあったが、今日はこれでお開きである。

本章のポイント

■ビジネスとは「安く仕入れて、高く売る」ことで成功する。企業のブランド力とは「高く売る力」、仕入れ力とは「安く仕入れる（コストを抑制する）力」を意味する。

■コスト意識は重要だが、経営者が声高に叫ぶものではなく、呼吸と同じように無意識に行われている会社が本当に強いと言える。

■未来を予想することはできない。しかし、将来のいつか、どこかで、何か危機的な状況が起こるであろうことはわかるし、それに備えることはできる。

■買うときは絶好球（ベストプライス）が来るまで辛抱強く待つ。しかし、少しでも危険を感じたらすぐに売り払って脱出する。「買いは慎重に、売りは逃げ足早く」である。大切なのは「絶対に損をしないこと」である。

■投資の世界は一種の戦場であり、初心者向け商品というのはありえない。初心者ほどカモにされる可能性が高いので注意する。また、〝助っ人〟と呼ばれる実際に運用を行わない評論家などの話に耳を傾けたりお金を払う価値はない。

■アインシュタイン曰く、「人類史上、最高のアイデアは複利（計算）である」。

第6章　いよいよ「はじめの一歩」

横浜港大さん橋国際客船ターミナルに飛鳥Ⅱが横づけになったのは、予定よりも5分ほど早い午前10時55分だった。名古屋からの乗客を乗せたこの豪華客船が出航するまで、あと1時間ほどである。それほどのんびりしているわけにもいかない。

横浜港とみなとみらいを一望できる木製デッキの上で、ハサウェイと美紀、みよ、岳史の3人は別れの握手を順番にかわした。最後に握手をした美紀の目からは、思わず涙があふれてきた。

ハサウェイと美紀の出会いは今振り返ればとんでもない事件がきっかけだったが、たとえどのようなきっかけにせよ、素晴らしい師を得ることができた美紀は幸運だった。

リストランテ・スージー・クワァトロでハサウェイが「卒業」という言葉を口にしていたのは、この旅行がすでに決まっていたからに違いない。

正午に国際客船ターミナルを出発した飛鳥Ⅱの次の寄港地はシンガポール。その後は、3カ月半ほどかけて世界を一周する。

ハサウェイは最高級の客室を利用するので、時計1個分（例のパテック・フィリップのセレスティアル）の費用がかかるそうだが、「私も『バフェット流』で30年頑張れば、こんな素敵な世界一周ができるかもしれないわ」と美紀は思った。

「少なくとも、スタンダード・クラスなら十分いけるわ。でも、ハサウェイさんのように一人旅というのはちょっとさみしいな……。英語も彼みたいにペラペラじゃないし。やっぱり素敵な旦那様にエスコートされて、老後の2人の時間をゆったりと過ごすのが理想ね。もっとも、その当てがないから、ハサウェイさんからいろいろ教わって、『自分で資産形成』するよう努力しているわけだけど……」

みよや岳史と話をしながらも、美紀は「老後の世界一周旅行」のことで頭が一杯だった。

「美紀！　もうすぐ出航時間よ！」

みよにそう言われて、美紀はようやく妄想から覚めた。3人は、木製デッキの下、改札階の海に面したラウンジで話をしていたが、立ち上がってハサウェイの見送りに行った。

岸壁と船の間はかなり距離がある。美紀が投げた紙テープは、半分ほどの距離で力なく落下した。みよも似たようなものだった。岳史が投げたテープは半分ほどの距離までは力強く進んだが、3分の2ほどで失速した。

遠すぎてハサウェイの表情は確認できなかったが、きっとニタニタしているに違いない。そのとき、「弾丸」とでもいうべきスピードで、グリーンの紙テープがハサウェイに向かって投げられた。見事ハサウェイがキャッチすると、岸壁の群衆から喝采がわき上がった。群衆の視線をたどっていくと、ハサウェイのホームパーティーでバスケットのシュートをばっちり決めていた白人の長身の青年である。彼は、ブルー、レッドと次々とテープを投げてハサウェイに命中させた。

ほどなく汽笛が鳴り、飛鳥Ⅱはテープを引っ張りながらゆっくりと岸壁を離れていく。

3人は船影が消えるまでその姿を見送った。

初めは注意深く

ちょうどお昼時だったので、3人は大さん橋の中にあるハーバーズ・カフェでランチを食べることにした。玲雄は、今日一日みよの母親に預けているので心配はない。

太陽が降り注ぐ中で見渡す景色も美しいが、夜景はもっと素晴らしいに違いない店だと美紀は思った。

みよはシーフード・オムカレーライス、美紀はナシゴレンのスパイシーボール、岳史は生ハムとチーズの盛り合わせと生ビールを注文した。

「とうとう行ってしまったわね……」

と美紀がしみじみ言うと、

「たった3カ月半でしょ！」

とみよが元気づける。

「それに何かあったら、電話してくれても構わないと言ってくれたでしょう」

「まあ、それはそうなんだけど……。衛星携帯で呼び出すなんて、おいそれとはできないでしょう」

「それはそうね……」

とみよが言うと、岳史は、

「ハサウェイさんが言う通り忠実に投資をしていれば、電話する必要なんかないよ」

と生ビール片手に強気な発言をした。

「それもそうね。あれだけたくさんのことを教わったのだから、良い結果が出るに違いないわ」

美紀も考え直してそううなずく。

「ところで、ハサウェイさんはバフェットにも会うんでしょ？　毎年恒例のバフェットとランチを食べる権利のチャリティーオークションでは、たった数時間バフェットと話すための値段が数億円にも跳ね上がるんだよね？　だから、直接会って色々な話が聞けるなんてすごいね！」

と岳史が羨望の含まれた調子の声で話すと、

「ええ、数億円払うのかどうか知らないけれど……、世界的な投資家のごく個人的な集まりがあって、そこで落ち合うそうよ。秘密の集まりらしくて、いつどこでかは教えてもらえなかったけれども……。そこでの様子なども帰国したら聞けるのよね」

と美紀は答えた。

「素晴らしい土産話になりそうだね！　それではハサウェイさんの教えを振り返ってみよう」

と岳史は話を続ける。

「基礎編はみんな十分理解したはずだから、具体的な部分をお願いね」

とみよが合いの手を入れる。

「了解。まずは資金配分の件。バフェットは全体の資産の1割以上を現金で持っているけど、ハサウェイさんの教えは『**初心者はバフェットの逆=資産の9割を現金で持つ**』だね」

「確かに、そう言っていたけれども、全体の資産の1割しか投資しないなんて少なすぎると思わない？」

みよはちょっと不満そうだ。

「バフェットは多いときは5割くらいを現金で持つそうだけれども、それにしても、たとえば500万円のうち450万円を現金で持って50万円だけを投資するなんて、ちょっと保守的すぎるね……」

と、岳史も同調する。

「でも、全体の1割というのはあくまで最初の出だしの話で、取引をして自信がついてきたら、徐々に増やしていけば良いということだったでしょう」

と美紀が反論する。

「僕は、もうかなり自信があるんだけどね……」

と、岳史はなかなか納得しない。

そこで、みよが、

「とにかく、最初は慎重にということでしょう。次に行きましょう」

と強引に話を進める。

自分の範囲を越えない

「次のポイントは『**自分の範囲を越えない**』ということね」

とみよが話をつなぐ。

「まず、自分の能力ってどのくらいなのかを知ることよね。でも、客観的に自分の能力を知るのって、かなり難しいわね。というか、一体全体、私に投資に関する能力なんてあるのかしら……。みよは私の投資の『能力の範囲』についてどう思う？」

「普通に言われている『投資に関する能力』ということでは、私も美紀と大差ないわ。会社の決算書なんて読んだことがないし、会社四季報や日経会社情報なんか、書店に並べられている表紙を眺めるのがやっと……。でも、ハサウェイさんはデータ分析などしなくても、大概の人は会社やビジネスについてたくさんの情報を持っていると教えてくれたでしょう」

「そうだったわね。たとえば、化粧品会社や女性向けアパレル会社の分析をするとき、ハサウェイさんは知り合いの女性にいろいろ質問をするんだよね」

「そうそう、美紀、その通り。いくらハサウェイさんが優れた投資家でも、化粧品の使い心地や婦人衣料の着心地などはわからないから、実際にその商品を使っている女性に色々聞くしかないということでしょう。彼に女装趣味でもあったら別でしょうけど……」

「その姿は想像したくないわ」

と言いながら、長身でスリムで面長のハサウェイは意外に女装が似合うかもしれないと美紀は思った。

「僕もそれはごめんこうむるが、確かに女性向け商品を扱っている企業は、みよや美紀さんをはじめとする女性にとって、有利な投資対象なのは間違いないと思う。投資市場はまだ男性が主流で、女性比率が少ないからね。そう言えば、美紀さんはキティちゃんの大ファンだったでしょ？　それも『自分の範囲』と言えるんじゃない？」

確かに美紀は、幼稚園以来30年近く続く熱烈なキティファンである。長年にわたって集めたコレクションは、三軒茶屋の自宅に収まり切らないので、大型のトランクルームを借りて保管しているくらいだ。

「えっ、キティちゃんの会社って投資できるんですか？」

と、美紀は少々驚いて返事をする。すると、その美紀の驚いた様子を見て今度は岳史がびっくりした。

「サンリオが上場しているのを知らなかったの？」

「もちろん、サンリオという会社はよく知っているけれど、キティちゃんをお金儲けの対象だなんて考えたことなかった……」

と、美紀が当惑していると、みよは、

「それがファン心理かもね……」

とつぶやいた。

しかし、岳史は、

「それはもったいない。キティちゃんが『自分の範囲』ど真ん中なんだから、それを有効活用しない手はないよ」

確かに岳史の言うことは正論だと思った美紀はうなずいたが、心の奥底では「キティちゃんは聖域だ」という思いが渦巻いていた。

「それではここで質問です！　『サンリオ』という名前はどうやって名づけられたのでしょうか？」

と、みよが唐突におどけた感じで質問を投げかけた。

岳史は、

「たしかスペイン語で……」

と記憶の糸を手繰《たぐ》る。

「サンが『聖なる』という意味だったかな？　それからリオはリオデジャネイロのリオと同じで『河』という意味、つまり『聖なる河』ということでつけたんだと思う」

「ブー！　残念、不正解！」

と、みよが岳史をおちょくるように言う。

「みよ、またあの話ね……。岳史さんが言ったのが正解よ！」

と、美紀はふくれっ面で言った。

確かに、現在ホームページなどのサンリオの公式な資料では、岳史が言ったような「聖なる河」説が記載されているが、時代を遡ると、どうやらサンリオとはもともと「山梨王《さんりおう》」＝「山梨の王」という意味だったらしい。

実際、サンリオはもともと山梨県の外郭団体で絹製品を販売していた山梨シルクセンターが1960年に株式会社として独立したのが始まりである。祖業である絹製品の販売はすぐに失敗して、小物雑貨の販売に転身。その中でイチゴのデザインを入れた雑貨を販売したところ、子供たちの間でイチゴ柄が流行し、同社の製品も大ブレイク。その後、水森亜土など外部のデザイナーのデザインした商品で伸びるが、1970年にキャラクター制作を外部のデザイナーから自社制作に変更した。1973年に社名を現在の「サンリオ」に変更した翌年の1974年に、ハローキティが誕生している。

その他、週刊誌のインタビューなどでも創業者の辻信太郎自身が「山梨王」説を唱えていた時代があったそうだから、みよの話にもそれなりの信ぴょう性がある。

みよの解説を聞いた岳史は、

「なるほどね。どちらの話にも一理あるね。ただ、身びいきかもしれないが、みよの話の方が信ぴょう性があるというか、その方が何だか楽しいしね。『聖なる河』じゃ面白くもなんともないし」

「面白いとか面白くないとか、そういう問題じゃないでしょ！」

履歴書と職務経歴書

美紀がまたふくれっ面になると、岳史は、

「でも、こうやって会社の歴史に興味を持つのはとても大事だとハサウェイさんは言っていたよ。**『会社の未来を知りたければ、会社の過去を研究せよ』**だったはず」

ととりなした。機嫌を直した美紀は、

「『会社も人間も評価の仕方は同じ。会社の決算書やホームページは、人事面接の『履歴者』や『職務経歴書』ということよね。人事面接官が、初めて会う求職者の評価をしろと言われても簡単ではない。その面接官を助けるのが『履歴者』や『職務経歴書』。同じように、私たちが会社の評価をしようとするときに役立つのが決算書やホームページ（その中の特に社史）というわけでしょう」

と岳史に続く。

岳史は、

「履歴書や職務経歴書は、面接を受けにやってきた人物が、どのような環境で育って、どのような経験をし、どのような仕事ぶりだったのかを教えてくれる重要な情報だから、僕が会社で採用面接の担当をするときも熟読するよ。そうすれば、その面接を受けている人物が、将来会社のために素晴らしい仕事をしてくれるのか、それとも会社に不適合で成果を出せずに腐ってしまうのか、判断するのに大いに役立つからね。

同じように決算書とホームページ（社史）にも、その会社がどのような生い立ちで、どのように成長し、どのような仕事（ビジネス）をしている（きた）のかを事細かに書いてあるんだ。この資料で会社の過去をしっかり勉強すれば、会社が将来発展するのか、それとも競争に敗れて消え去ってしまうのかがよくわかるんだ。

ただし、中にはこのような情報が十分公開されていない企業もある。そのような企業は、『履歴書』や『職務経歴書』さえ満足に書けない面接受験者と同じだから、面接（企業の研究）なんかで無駄な時間を使わずに、書類審査ですぐに落として大丈夫だね」

と少し演説調で話すと、みよが笑い転げ、美紀は一生懸命吹き出すのをこらえた。

「『と、ハサウェイさんが言っていた』でしょ？」

岳史の話は、美紀やみよが聞いたハサウェイの話とほぼ一言一句同じで、まるでハサウェイの魂が乗り移ったようだったからだ。

それに気づいた岳史も少し顔を赤らめながら、「ハサウェイさんもなかなか良いことを言うな」と照れ笑いした。

「それからまだ付け足すことがあるでしょう」

とみよが言う。

「そうそう、『**数字だけで人間の評価ができないのと同じように、会社の価値も数字だけでは評価できない**』ということも大事だよね。たとえば、ＴＯＥＩＣが何点だとか、何種類の資格を持っているかだとか、入社試験で何点だったとか、どこそこの大学を出ている（大学の入学の可否は試験の点数で決まる）などという数字は、確かに便利だが、いくらそのような数字をいじくりまわしても、その人物の『実力』を推し量ることはできない。同じように、会社も決算書や業績データだけで、その『実力』を知ることはできない」

「でも、数字以外の部分はどうしたらいいのかしら？」

と美紀が質問すると、

「バフェットは、会社案内も隅から隅まで読むし、その会社に関係ある資料は何でも読むらしい。もちろん、その会社の製品を自分で試してみることも重要だと言っている。数字に表せないわけだから、方程式のようなものは当然ないわけだが、こんなことを言っている……」

と岳史が言うと、それをさえぎるように、

「『**正確に間違えるよりも、おおよそ正しい方がましだ**』でしょ？　私たちも、ハサウェイさんから教わったわよ。細かな数字にこだわって、全体を見失い、誤った判断を下すよりも、細かな数字はそこそこにして、会社全体の姿をしっかりと把握して正しい判断をしろということでしょ？」

とみよが言った。

みよや美紀も、ハサウェイからしっかり学んでいるから侮れないと岳史は思った。

キティちゃんは仕事を選ばない

岳史はこんなエピソードを披露した。

「さっきのサンリオ関連になるんだけど、『キティちゃんは仕事を選ばない』というのは業界内では有名な話らしいよ」

ここでまた美紀が噛みついた。

「キティちゃんは、ちゃんと節操のあるキャラよ。念のため、付け加えておくけれど〝猫〟じゃないし！」

猫云々が美紀の口から出てきた理由は定かではないが、キティのことになるとどうも分別を失うらしい。ただし、彼女の話は本当だ。世の中ではキティが猫だと思っている人が多いようだが、サンリオから「キティは猫ではない」という公式見解が発表されて、世界中のファンが驚いたことがある。

岳史は、美紀の剣幕に恐れをなして弁解するようにこう言った。

「美紀さん、別にけなしているわけじゃなくて、むしろ褒めているんだ」

「本当に？」

「バフェット流ではブランドを重要視するけれども、そのブランドとはヨーロッパの高級ブランドではなく、我々の身近ないわゆる大衆ブランド（みんなのブランド）だ、ということはハサウェイさんが言っていたでしょう」

「確かにそうだけど……」

「シャネル、エルメス、プラダのようなヨーロッパの高級ブランドというのは、とても『仕事を選ぶ』んだ。ブランドを露出する場所を慎重に選択して（ブランド価値を下げるところへは露出しない）、提携先も厳選する。またブランドのロゴやコンセプトを現地化して変えるなどということも許されない。

たとえば、シャネルやエルメスの着物や、着物柄（日本仕様）のプラダのバッグなんて見ないよね？　そのおかげで、高価格を維持でき利益も厚いのだが、顧客層は限定され、ビジネスの発展のスピードもそれほど速くないし、日常品ではないから、景気の良し悪しに売上が左右されやすい。

それに対して、コカ・コーラやジレットなどのブランドは日常品・必需品だから、売上は景気の波に左右されにくいし、所得の低い発展途上国でも十分商売できる。不景気に強いどころか、『不景気になれば、ぜいたく品をあきらめる代わりに、1杯のコークを飲む幸せをかみしめることが多くなるし、今の仕事を失いたくないから身だしなみに気をつけるようになり、より念入りに髭を剃るようになるかもしれない』。だから、むしろ不景気がプラスになるかもしれない。実際、1930年代の大恐慌のとき、コカ・コーラは業績を伸ばし、株価が上昇したんだ」

岳史の大演説を聞いていたみよは、

「いよいよハサウェイさんが乗り移ってきた」

とニタニタ笑っていた。

「ということは、キティちゃんはコカ・コーラと同じ大衆ブランドってこと？」

と美紀が問い返すと、

「そう、別にお金持ちじゃなくても、1日100円の小遣いでやりくりしている子供でも、発展途上国の人々でも、誰でもキティちゃんのファンになれる。そこがプラダなんかと決定的に違うところだね。だから、キティちゃんは呼ばれれば、世界中どこにでも出かけて行って、色々な企業とのコラボレーションの仕事をする。ファンが待っているからね！　たとえばベトナムではアオザイを来たキティちゃんとか……。日本国内でも明石焼きキティちゃんとか、天狗キティちゃんとかたくさんあるね」

「アオザイキティちゃんは、確か私のコレクションの中にある。今までそんな見方をしたことがなかったけれど、キティちゃんって『いい意味で仕事を選ばない大衆ブランド』なわけね。彼女みたいに働き者のキャラクターがいる会社が投資対象として優れているというのはよくわかるわ」

「ついでにオリエンタルランドはどうかしら？」

「みよ、それってバファローズを持っていた会社だったっけ？」

「美紀、それはオリックス！　わざとぼけてるの？」

「いえ、そんな……」

実際、オリエンタルランドなんていう名前は美紀にとって初耳だ。そこへ岳史が助け船を出してくれた。

「要するに東京ディズニーランドと東京ディズニーシーのことだよ」

「なんだ、それならそうと早く言ってくれればいいのに」

「常識よ！」

みよはちょっと呆れたという感じでそう言った。

「そう言えば、ミッキーマウスはいつ会っても愛想がいいし、握手もちゃんとしてくれる」

「着ぐるみがね……」

とみよはちょっと冷たい感じで言う。

「やっぱり、大衆ブランドだということは間違いないね。ハッピを着たミッキーって見たことある？」

「うん、あるある」

と2人はうなずく。

「ミッキーのハッピは、キティちゃんのアオザイのようなものだよね。本家本元のディズニーにバフェットは大きく投資したことがあるから、この辺の話は投資を始めるときに大きく役に立つかもしれないね」

と岳史が締めくくる。

比べることが大事

美紀ととみよの食事は終わっていたし、岳史のビールグラスも空になっていた。だから、みよが、

「せっかくここまで来たんだから、ホテルニューグランドでお茶でもしない？」

と声をかけたのは良いタイミングだった。

大正12年（1923年）の関東大震災では、東京だけではなく、横浜の街も瓦礫の山と化してしまったが、いち早く震災のがれきで埋め立てた山下公園の正面に建てられたのがホテルニューグランドである。今では横浜の「顔」と言ってもよいかもしれない。

大さん橋から散歩がてら歩いて行くと、欧州正統派とでも形容できるニューグランドの建物が目に飛び込んでくる。どこかで見たことがあるような形だと思ったら、本館の設計者はあの銀座和光と同じなのだ。ドリア、ナポリタン、プリンアラモードなど、現在一般的になっている料理もこのホテルが発祥だそうだ。

本館1階のラ・テラスで3人はスコーンセットを注文した。フランス風に英国調を少しだけたらしたような内装の店内で、まず岳史が口を開いた。

「実は例の本、今日持ってきたんだ」

彼がそう言って、ショルダーバッグの中から取り出したのは、ライオン出版の『業界地図』だった。

「ハサウェイさんは、『業界地図』はたくさん種類があるから、自分のフィーリングで選べばいいって言ってたよね。僕にはこのライオン社のが一番ぐっと来たんだ」

美紀もみよも、本屋で業界地図を探しはしたが、ピンとくるものがなかったので、まだ買ってはいない。しかし、ライオン社の業界地図は2色刷りの地味な体裁で、やたらとたくさん数字が載っている。「いかにも岳史さん好みね！　私ならぜったい買わないわ。他にカラー刷りやきれいな写真入りのがあったから、その中から選ぼう！」と美紀は思った。

「さて、突然ですが、ここで質問です！」

先ほどのみよの口調をまねて岳史がそう言った。

「日本ハムの2014年3月期の売上高は、1兆1220億円ですが、これはどのような意味を持ちますか？」

「意味とかいっても、そんな大きな金額、現実感がなくて訳がわかんない！」

と、みよは女子高生風におどけた調子で答える。

岳史はそれをほとんど無視して、美紀に、

「美紀さんはどう思う」

と重ねて尋ねた。

「1兆円以上の金額って、大きいと思うけど、でも他の会社の売上げはもっと大きいかもしれないから、その数字だけでは何とも……。ハサウェイさんは、業界地図を見るときには比べることが大事と言っていたわよね」

「そう、だから僕は、数字が充実しているライオン出版の業界地図を買ったんだ」

美紀とみよは岳史の言おうとしていることがもう一つつかみきれない。しかし、彼はそれにお構いなく質問を続けた。

「それでは、同じ業界の伊藤ハムの同時期の売上は４６３３億円、プリマハムは３０３６億円。これだとどうかな？」

「ハムの会社のどれが大きいかなんて、毎日スーパーで買い物をしていても、全然意識していなかったけれど、こうやって並べると日本ハムってかなり大きいのね。さすが球団を持っているだけのことはあるわ」

と、みよが感心する。

美紀は、

「売上だけではなく、利益も比べると面白いのじゃないかしら」

と岳史に提案する。

「えーと、順番に言うよ、日本ハムの純利益が２４５億円、伊藤ハムが48億円、プリマハムが41億円」

美紀とみよはスマホのメモ帳に岳史が読み上げた数字をメモする。そして電卓をはじいた。

先にみよが声を上げた。

「ということは、日本ハムの利益の売上げに対する割合は約２・２％、伊藤ハムは約１％、プリマハムは約1・3％。ハサウェイさんは、『バフェットは売上に対して1割＝10％の利益は欲しいと言っている』と教えてくれたから、その意味ではどの会社も不合格ね。でも、利益率でも日本ハムが優位に立っているということはよくわかったわ」

「ただ、業界地図ではチェックしにくいけれども、1年だけの業績だけじゃなく10年くらいの長い期間の業績をずうっと追いかけないと、その企業の良し悪しはわからないというのが『バフェット流』と教わったよね」

と岳史が言うと、

「人事面接をするときに、去年1年間のことではなく、少なくとも中学卒業以来のことを聞くわけだから、会社の『面接』をするときも、最低過去10年間のことは知らないといけないということね。かなり大変だわ」

と美紀が少し気落ちした感じで言う。

「でも、バフェットは『**正確に間違えるよりも大雑把に正しい方がましだ**』と言っているし、ハサウェイさんも『**最初から完璧を目指すと自滅する**』と言っているわ。英語の勉強で最初は片言でもいいからとにかくしゃべることが大事と言うでしょう。投資も同じよ」

と言うみよに、美紀は、

「そうね。でも、ハサウェイさんは、『最初は慎重に』とくどいほど諭してくれたし、バフェットは『**投資を始めなければ1円の損もしない**』とか、『**投資は見送り三振のない野球だ**』と言っているでしょ。私は何球でも見送って、絶好球が来るのを待つことにするわ」

と答えた。

自分の範囲で十分！

ハム業界の後は、自動車業界、電機業界、食品業界など、色々な業界について、本を見ながら3人でああでもない、こうでもないという話を続けた。

美紀とみよが一番驚いたのは、日本にはたくさんの上場企業があって、ひとつの業界の中にも無数の企業が存在していることだった。

「こんなにたくさんの企業の中から、たった1つを選んで『投資の決断』をするなんて、私には無理かしら……」

美紀がまた弱気になると、みよは、

「『**自分の範囲の中**』**だけでやりなさい**、とバフェットが教えているということは、『自分の範囲の中』だけでやれば十分ということの裏返しでしょう。できることからやればいいのよ」

と元気づける。美紀も気を取り直して、

「そうよね。何回見送り三振しても構わないんだから、こつこつと気長にやればいいというわけね。バフェット曰く、『**投資の利益は忍耐に対する報酬**』ですものね」

と笑顔を取り戻す。

岳史も、

「日本の上場企業って４０００社近くあるけど、その中で会社名を聞いて何をやっているかイメージできるケースは少ない。だから、会社の名前と内容が一致する会社から研究を始めたらどうだろうか」

と岳史も付け加える。

美紀たちは改めて、業界地図を見渡す。すると、女性２人の視線は「化粧品業界」の項で止まった。

「至誠堂は、みよの前の職場でしょ」

確かにみよは、日本の業界トップで１００年以上の歴史を誇る老舗至誠堂で、結婚前に働いていた。

「そうよ。でも、至誠堂で働いていたころは、会社のことよりアフターファイブの方がよほど関心があったし、合コンとか……」

と言いながら、岳史をちらっと見る。２人が出会ったのもある合コンだった。

「でも、会社のことにまったく関心がなかったわけではないでしょ」

「会社で関心があったことと言えば……、給料やボーナスがいくらになるかということと、有給休暇が何日とれるかということくらいだったかな。今考えるとずいぶんもったいないことしたわね」

「至誠堂は上場会社だけど、公開されている決算報告書を読んだことある？」

と美紀が尋ねた。

「全然。どこを見ればいいのかもわからない。それにホームページもまともに読んだことがないわ。それじゃ、美紀はどうなの？」

と切り返されると、彼女は、

「五菱銀行も上場しているけれど、私も決算報告書は読んだことがないの。でも、社史は社内教育の一環で、研修のたびに教わったわ。ただ、サンリオの『聖なる河』のような公式見解ばかりでちっとも面白くなかったけれど」

「でも、『小説五菱銀行』を読んだら、結構面白かったわよ。特に明治期の創業者がとても個性的というか……。美紀には悪いけれど極悪人で、でもその悪人ぶりが徹底していてかえって応援したくなっちゃったくらいよ」

とみよが言った。

「創業者の悪人ぶりは私も耳にしたことがあるけれども、その話は社内ではタブーよ。でも、今度本格的に勉強してもいいかもね」

　と言いながら、美紀は視線を業界地図の化粧品業界のページに戻した。

「ドクターKってどう思う？」

　美紀の質問にみよは、

「実は、私、今ドクターKを使っているの」

　と答えた。

「あれっ、至誠堂じゃないの」

「うん、昔は何となく義理を感じて使っていたんだけど……。品質はとってもいいし、歴史のあるブランドよ。でも、もう一つセンスが合わないというか……」

　と弁解がましく言った後、

「最近は、スキンケアはドクターK、メイクアップはエスティローダーとかシャネルが中心ね。ドクターKは、オールインワンタイプが中心で、結構使い勝手がいいし、何よりお医者さんの監修のもとでつくられてるから安心できるわ。カネボウ化粧品の白斑問題みたいなことになったら、私、外を歩けない」

　と言った。

彼女が言うように、ドクターKは日本におけるドクターズコスメの走りであり、今や押しも押されぬドクターズコスメのトップブランドだ。美紀も何回か使ってみて、決して悪くない商品だと思っていた。

「これにしようかな？」

と美紀が言うと、

「うん？」

みよが怪訝そうに答える。

「みよが至誠堂、私がドクターKで、ハサウェイさんに教わった『書き出し』をやってみない？」

「なるほど、それは面白いかもしれないわ」

なぜ買うのか書き出してみる

2人の書き出しのための用紙を、ポケットの手帳からちぎって渡したのは岳史である。しかし、彼女たちの化粧品業界の話に口を挟むだけの知識は持ち合わせていなかった。

「まず『至誠堂』を買う理由その1。100年以上続く老舗で安定的。これは、バフェットのコカ・コーラやアメックスなどと同じ重要ポイントね。

その2。強力なブランドを持っている。至誠堂の名前を知らない日本人はいないと言っていいくらい名前が浸透している。それに、日本で一番のブランド地域である銀座ともイメージ的につながっているわね」

「でも、ちょっと古い感じがするかも」

と美紀が遠慮がちに言った。

「そこなのよね。私が結局他のブランドを使うようになったのも、そこに理由があるかも。それから、その3。海外展開に積極的である。日本のお隣の餃子国では、欧米のブランドよりは若干劣るけど、それなりのステータスを確立しているし、海外の売上比率も相当高いわ」

「海外展開は、出だしは良かったけれども、このところ苦戦しているよね」

と岳史がようやく割って入ることができた。

「そこね。海外のビジネスはリスクも多いわね。でも、餃子国は将来アメリカを追い抜くと言われているし、今は苦戦していても、将来は安泰じゃないかしら」

みよは楽観的だったが、美紀は餃子国や至誠堂の将来にそれほど強気にはなれなかった。みよは、美紀のそんな考えには構わず、

「最後は、その4。M&Aに積極的で成長が早い」

と言ったが、岳史は、

「バフェットもいわゆるM＆Aは積極的に行っているけれども、一般の他の企業が行うM＆Aには成功事例が少ないということで懐疑的だよ。バフェットみたいに、的確に買収先企業を評価し、妥当な値段をつけることができる経営者は少ないということらしい」

「そう言えば、この間アメリカの大手通販化粧品会社を買収したでしょ。ニュースでは買収価格が高すぎるのではないかと言っていたわ」

「私もそのニュースを聞いたけど、通販化粧品はこれから伸びていくはずだから、今は割高でも、将来は『安い買い物だった』ということにならないかしら？」

と、みよはあくまで楽観的だが、美紀は「企業買収でも『安く買う』というバフェット流の教えは大事なのではないか」と思った。

「それじゃ、ドクターKはどうなの」

とみよから切り返された美紀は、こう答えた。

「その1。日本のドクターズコスメの草分けであり、現在でもナンバーワン企業である」

「それは異論がないところね」

「その2。化粧品の安全性や効能がカネボウの白斑問題をきっかけに、より重視されるようになってきているので、ドクターズコスメの市場自体がこれから伸びていく。

その3。販売方法は通販が中心だけど、これからは、店頭販売よりも通販やネット販売の方が伸びていくだろうから、この点でも有利」

「確かに有望そうね」

とみよがうなずいた。

「最後はその4。今のところM&Aを行わず自力で業績が伸びている」

「うーん、美紀、意見が対立するわね。至誠堂のM&A戦略は決して悪くないと思うんだけどな……」

第2次キムチ戦争

それから1カ月ほど経った水曜日のランチタイムにみよから美紀の携帯に電話があった。メールではなく電話というのは珍しい。

「キムチ戦争のニュース見た？」

「ええ、もちろん」

2人が話している第2次キムチ戦争というのは、第1次キムチ戦争で38度線を境に南と北に分かれた南北キムチ国が、再び衝突した事件である。第1次キムチ戦争のようなキムチ国全土を巻き込んだ戦いにはなっていないが、休戦協定ラインの近辺の戦闘で、双方とも数百人規模の死傷者が出た模様だ。しかし、現地の情報は混乱していて、本当のところはどうなのか、まったくわからない。ニュースが流れてから最初にオープンしたのが東京市場なので、東京株式市場では、1時間の間に数百円単位で日経平均が上下する異常事態が続いている。

そして、ランチタイムの前には、餃子国が北キムチ国を全面的に支持すると表明。これは両国とも共産主義独裁政権が支配する国なので当然と思われた。

意外だったのは、同じ共産主義のウォッカ国が、資本主義陣営の南キムチ国を支持すると表明したことである。同じ共産主義国でも、ウォッカ国と餃子国は、共産主義陣営の覇権を争っており、仲が悪い。だから、餃子国と密接な関係にある北キムチ国を支援するのを嫌がったのかもしれない。

あわてたのは日米両国である、南キムチ国は日米の同盟国であるが、ウォッカ国に支持されているとなると、表立った支援を行いにくくなる。

3時の市場終了後の日経平均株価は前日比1200円安。市場はリーマン・ショック並みの打撃を受けていた。

幸い水曜日はノー残業デーだったので、終業時間になると美紀は転がるように外に出て、ハサウェイの衛星携帯に電話した。時差のことなどすっかり忘れていた。

10回ほどのコールでハサウェイが電話口に出る。かなり眠そうだ。美紀はそこで初めて時差のことに気がついたが、それに気を配る余裕はなく、いきなり、

「ハサウェイさん、大変なんです。キムチ戦争が起こったんです！」

と叫んだ。

その一言で状況を察したハサウェイは、

「わかった。私の方でも情報をチェックするから、15分後に折り返すよ」

その15分間は美紀にとって数時間にも感じられた。

「確かに大きな事件だが、とりあえず、これで世界が破滅することはなさそうだね」

と、悠然とした口調で電話を折り返したハサウェイに、美紀は、

「どうしたらいいんでしょう？」

と、半泣きで話す。

彼はちょっと当惑して、

「美紀さん、こんなときにどうしたらよいのかは、東京にいるときにじっくりと話をしてあるよ。落ち着いたら、ゆっくり私やバフェットの言葉を思い返してごらん」

確かに、頭の中ではハサウェイの言っていることは十分理解できたし、正論だと思った。しかし、心はそうはいかなかった。暗闇のような恐怖が背中からやってくる感じで、集中して考

えることができない。

「ハサウェイさんが、『禅寺で修行しろ』と言っていたのは、こういうときのためだったのね。あれから、週末とかに禅寺に行くチャンスはあったのに、結局行かなかった……」

と美紀は今さらながら後悔した。

しかし、ハサウェイと話をして気持ちがいくらかは落ち着いた。彼はこう続けた。

「ところで、買う理由は書き出してあるかな?」

「はい、もちろん」

「それは上出来だ。それがあれば、まったく問題がない。そこで書き出した前提条件が変わらず、まだ良い会社だと思うのなら、株価に関わらずずっと持っていれば良い。逆に、その事件で前提条件が変わってしまい、会社の将来に暗雲が垂れ込めてきたと思ったなら、株価に関わらず売ってしまった方が良い。『**逃げ足は速い方がいい**』からね」

「はい!」

美紀は少しだけ気持ちの余裕を取り戻した。

ハサウェイの話は、みよにも電話で伝えた。

みよは餃子国が北キムチ国を支援することによって、餃子国自身も戦乱に巻き込まれるリスクが高まったと判断した。つまり、餃子国を中心とした至誠堂の海外の売上げの前提が変わったということだから、損を覚悟で株をすべて売却した。

「もともと、ちょっと自信がなかったのに、強気で買ったのが良くなかったわ」

と反省の弁を述べた。

美紀が買ったドクターＫも下落はしていたものの、まだ美紀の最初の買い値と同じくらいだった。

「損をしないようにするには今がチャンスね」

とみよが言った。

「確かに、ここで売ってしまえば１円も損をしないけど、逆に投資のチャンスかもしれないと思うの」

美紀は完全に冷静さを取り戻していた。美紀が最初に書き出した４つの前提は、キムチ戦争の後も変わっていない。むしろ、餃子国や南キムチ国にほとんど進出していないことがむしろプラスになるかもしれない。それに、用心して最低単位しか買っていないから、買い増しをしても、総資産の10％以内というルールを守ることはできる。

「私買い増しする！」

美紀がそう宣言すると、

「あなたって、意外と大胆ね！」

とみよは驚いた。

しかし、美紀は「大胆なんかじゃない。しっかりと冷静に計算した結果よ！」と思った。

次のチャンスがやってこなかったことはない

美紀とみよの2人は再び横浜大さん橋に立っていた。玲雄はまた祖母に預かってもらっている。岳史はどうしても外せない仕事が入っていた。

「やあ、久しぶりだね」

と世界一周旅行から戻ってきたハサウェイは2人と抱擁を交わした。海風が気持ち良い木製デッキの上で、彼は2人の女性に話しかけた。

「総資産の1割というルールは守ったかい」

「もちろん」

と彼女たちはうなずく。

「それならば、その残りの9割を有効に使ってこれから色々なことができるね！」

第2次キムチ戦争は、結局、同じ38度線で休戦協定が結ばれ、収束に向かっていた。投資を始めてすぐにこんな大事件が起こるとは思っていなかったが、ハサウェイの「バフェット流」

の教えを忠実に守っていたおかげで、危機を乗り切ることができ、いくらかの利益も出ている。

「これからが楽しみ」と美紀は心の中で思った。みよは少しだけ損をしたが、全体から見れば微々たる額である。

「美紀さん、みよさん、もし、今回の結果が十分満足できるものでなかったとしても、焦る必要はないよ。新しいチャンスは必ずやってくるから、その新しいチャンスに今回の経験を生かせばいいんだ。バフェットも『**次のチャンスがやってこなかったことはない**』と言っているよ」

（完）

本章のポイント

■投資は絶対に「自分の範囲」を超えて行ってはならない。得意分野に集中すべきである。

■投資初心者は、資産の9割を現金で持ち、残りの1割を投資に向けるべきである。

■会社の未来を知りたければ、決算書や会社案内などで会社の過去を研究する。ただし、細かな数字にこだわって全体を見失い誤った判断を下すよりも、会社全体の姿をしっかり把握して正しい判断をすることが重要である。それをバフェットは「正確に間違えるよりも大雑把に正しいほうがましだ」と語っている。

■投資先を検討するときは、業界地図などで各社を比較するのが初めの一歩。ただし、その会社の10年分くらいの業績を調べないと、その企業の良し悪しはわからない。

■投資先を決めるときはその会社に投資する理由を書き出してみる。そうして頭を整理しておけば、投資後に思わぬ理由で株価が下がっても冷静に対処できる。

■投資のチャンスは何度でもやってくる。「次のチャンスがやって来なかったことはない」から、絶対に無理をしない。

【著者紹介】

大原 浩（おおはら・ひろし）

GINZAX グローバル経済・投資研究会　代表
株式会社大原創研　代表取締役
1960 年静岡県生まれ。1984 年同志社大学法学部を卒業後、上田短資（上田ハーロー）に入社。外国為替・インターバンク資金取引などを担当。1989 年、フランス国営・クレディ・リヨネ銀行入行。金融先物・デリバティブ・オプションなど先端金融商品を扱う。1994 年大原創研を設立して独立。国内外のビジネス・投資に広くかかわり、上場株投資だけでなく、ベンチャー投資なども積極的に行う。『証券新報』の顧問を約 7 年にわたり務める。現在、月刊『産業新潮』（産業新潮社）に「賢人バフェットに学ぶ投資と経営の成功法則」を長期連載中。
著書は『銀座の投資家が「日本は大丈夫」と断言する理由』『勝ち組投資家は 5 年単位でマネーを動かす』（いずれも PHP 研究所）、『日本株で成功するバフェット流投資術』『企業情報を読み解け！　バフェット流〈日本株〉必勝法　永久保有銘柄を見抜く 18 のポイント』（いずれも日本実業出版社）、『バフェットに学ぶ「永久不滅投資法」』（同友館）他多数。

〈ブログ〉
AFPBB ニューズオフィシャルブログ「大原浩の金融・経済地動説」
http://www.actiblog.com/ohara/
大原浩の「金融・経済・グルメ」ブログ
http://ameblo.jp/toshino-ochan/

参考文献：
『バフェットからの手紙』（1977 年～ 2014 年）
http://www.berkshirehathaway.com/letters/letters.html
他

＊本書の内容は2015年5月現在の事実をもとにしています。利率・運用成績等の情報は予告なく変更されることがあります。
＊本書に記載した情報や意見によって読者に発生した損害や損失については、著者、発行者、発行所は一切責任を負いません。投資における最終決定はご自身の判断で行ってください。

投資の神様

バフェット流投資で、勝ち組投資家になる

2015年7月4日　初版発行

著　者　大原　浩
発行者　野村直克
発行所　総合法令出版株式会社
〒103-0001　東京都中央区日本橋小伝馬町15-18
常和小伝馬町ビル9階
電話 03-5623-5121

印刷・製本　中央精版印刷株式会社

落丁・乱丁本はお取替えいたします。

ISBN 978-4-86280-458-7
総合法令出版ホームページ　http://www.horei.com/